ÉTUDE SUR 1807

MANŒUVRES D'EYLAU ET FRIEDLAND

Pierre GRENIER

Étude sur 1807

Manœuvres d'Eylau

et Friedland

PARIS

Imprimerie Henri Charles-Lavauzelle

ÉDITEUR MILITAIRE

Même Maison à Limoges

ÉTUDE SUR 1807

MANŒUVRES D'EYLAU ET FRIEDLAND

I

DE L'ODER A EYLAU

Nous commencerons l'étude de la campagne de Pologne au 1er novembre 1806, nous la diviserons en quatre parties : la première s'étendra jusqu'à la prise de contact de l'ennemi (14 novembre) : la deuxième jusqu'à l'installation de la Grande Armée dans ses cantonnements (29 décembre) ; la troisième jusqu'à la levée des quartiers d'hiver (27 janvier 1807) et la quatrième jusqu'à la bataille d'Eylau (8 février 1807).

PREMIÈRE PARTIE

Au 1er novembre 1806 la Grande Armée était divisée en deux masses. La première était chargée de la destruction des restes de l'armée prussienne ; elle comprenait, d'une part, le 6e corps, employé au siège de Magdebourg ; d'autre part, les 1er et 4e corps, les divisions d'Hautpoul et Grouchy, la brigade Lassalle, de la réserve de cavalerie, chargés d'anéantir Blücher.

La deuxième masse attendait que la première ait terminé son œuvre ; elle était composée du 5e corps, établi à Stettin, du 3e corps à Francfort-sur-l'Oder, du corps Bavarois en marche sur Crossen, du 7e corps, de la Garde et du reste de la réserve de cavalerie, cantonnés à Berlin. Dès que la première masse sera disponible, Napoléon se portera avec toute son armée à la rencontre des Russes, comme il l'avait fait l'année précédente après Ulm.

Kustrin capitulait le 1er novembre. L'armée française avait donc en sa possession tous les ponts de l'Oder de Stettin à Crossen.

Napoléon ignorait où se trouvait l'armée russe et où se rassemblait la nouvelle armée prussienne. Pour le renseigner à ce sujet, les corps d'armée établis sur l'Oder employèrent leur cavalerie à l'exploration avec une hardiesse qui contraste avec la timidité dont la cavalerie de la IIIe armée prussienne fit preuve en 1870 (1). Nous verrons la cavalerie française se porter à 150 kilomètres en avant de l'avant-garde des corps d'armée, tandis que la cavalerie prussienne resta toujours à faible distance de son infanterie et ne fut employée que comme cavalerie de sûreté.

Dès son arrivée à Francfort, le maréchal Davout envoyait le 2e de chasseurs à Landsberg et le 1er sur Posen (150 kilomètres de Francfort). Napoléon lui faisait recommander « de ne pas disséminer sa cavalerie », songeant sans doute au combat de Schleiz où Murat n'avait eu sous la main que deux régiments de cavalerie sur six (2).

Puis il faisait dire à Davout par le major général : « Le général Durosnel (commandant la cavalerie du 7e corps), qui est à Oderberg, a eu ordre de passer l'Oder et de pousser des partis sur la gauche ; en cas que le besoin de cette cavalerie devînt pressant, il peut lui ordonner de venir le joindre.»

Ainsi donc la cavalerie du 7e corps pourra être réunie à

---

(1) Voir *Cours de tactique de cavalerie* de l'Ecole de guerre.
(2) Voir la Manœuvre d'Iéna, par M. le général Bonnal (cours Ecole de guerre).

la cavalerie du 3e corps pour être employée à l'exploration sous un seul commandement, celui de Davout.

Le même jour (3 novembre), lettre de l'Empereur à Lannes, dont le corps d'armée occupait Stettin : « Mon intention est que vous réunissiez toute votre cavalerie légère au delà de l'Oder et qu'elle batte tout le pays jusqu'à la Vistule (par conséquent à plus de deux cents kilomètres du 5e corps). Donnez des ordres pour que vos partis de cavalerie soient liés, avec ceux de Davout. » Tout le pays allait donc être battu par la cavalerie des 5e, 7e, 3e corps et des Bavarois jusqu'à la Vistule, jusqu'à Posen, jusqu'à Glogau.

Le 4 novembre, le 1er de chasseurs à cheval entrait à Posen, le 2e de chasseurs était à Schwerin et le 12e à Friedberg.

Si Napoléon donne l'ordre de pousser la cavalerie très loin, afin d'être prévenu de l'approche des Russes le plus longtemps possible avant leur arrivée sur l'Oder, il recommande à ses corps d'armée de ne pas se porter en avant tant qu'il ne pourra pas disposer de la partie de son armée lancée à la poursuite de Blücher.

Dans une lettre du 5 novembre à Davout, l'Empereur lui dit : « Je vous fais connaître que mon intention n'est pas que votre infanterie, sous quelque prétexte que ce soit, dépasse Museritz. » Quant à l'armée russe, Napoléon « ne pense pas qu'elle puisse être à Varsovie avant le 20 novembre. »

Le 6, le 7e corps, cantonné à Berlin, commençait son mouvement sur Kustrin pour venir se placer entre le 3e et le 5e corps. La division wurtembergeoise recevait, le 5, l'ordre « de se porter à Zullichau et de se lier par des patrouilles sur sa gauche avec le maréchal Davout ».

Le 6, Davout écrivait au major général : « J'ai dirigé l'avant-garde sur Meseritz. Demain, elle y sera rendue. Le corps d'armée en sera à trois lieues. »

On est loin de l'ennemi, l'avant-garde est à 12 kilomètres du gros.

Lannes avait sa division d'avant-garde à Stargard. « Treillard, commandant sa cavalerie, devait être à ce moment à 20 lieues de Stettin. » Il poussait de forts partis sur Colberg, Posen, Graudenz.

La cavalerie de Davout occupait les emplacements suivants : le 1er de chasseurs à cheval était à Posen, le 12e de Friedberg à Diesen et le 2e s'étendait de Pinne à Posen.

Le 7 novembre au matin, Napoléon savait que les Russes n'étaient pas encore, le 30 octobre, à Varsovie. Il donna alors l'ordre à Davout d'être le 9 à Posen ; à Augereau, d'être le même jour à Driesen ; à Lannes, d'être à Schneidemühl à la même date. Il y a 150 kilomètres de Stettin à Schneidemühl, autant de Francfort à Posen ; 300 kilomètres de Varsovie à Posen. En admettant que les Russes aient occupé le 1er novembre Varsovie, ils ne pouvaient attaquer les trois corps d'armée avant que ces derniers n'aient atteint les points qui leur étaient indiqués.

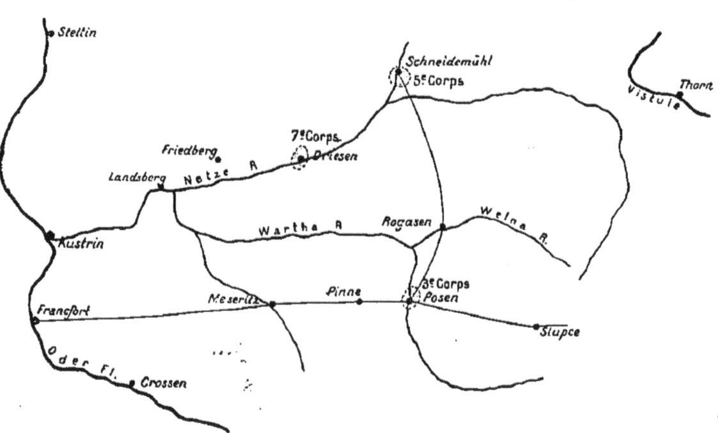

Positions que doivent occuper les trois corps le 9 novembre.

Dans le cas où Davout serait attaqué, Napoléon lui recommande de « choisir à Posen une bonne position militaire ». S'il est forcé de battre en retraite, il ne se retirera pas sur Francfort, « il fera reconnaître une seconde position de retraite qui paraît devoir être un petit ruisseau qui rencontre la route de Posen à Schneidemühl, au village de Rogasen ». Les trois corps d'armée seront ainsi réunis derrière la Wartha, prenant leur ligne d'opérations sur Stettin. Ils couvriront indirectement Berlin. Ce sera aussi la couverture indirecte qu'emploiera Napoléon en 1811 pour empêcher les Russes d'envahir la Pologne. Le 24 mars de cette année, il donnera ordre à Davout de porter une partie de ses forces à Dantzig dans ce but.

En mars 1813, Eugène couvrira indirectement la concentration de l'armée du Meyn, en prenant sa ligne de communication sur le bas Rhin.

Le 7 novembre, Napoléon écrit une nouvelle lettre à Davout pour lui annoncer qu'il a reçu des nouvelles positives des Russes : ils sont environ 50.000. L'empereur calcule que « les cinq premières colonnes de 5.000 hommes ne peuvent arriver à Thorn que le 7 ou le 8 novembre et les autres le 18 ou 20 novembre » ; puis il ajoute : « Je ne suppose pas que, dans la position de Posen, l'ennemi vienne m'attaquer avant le 18. Je réunirai là, avant ce temps, les corps des maréchaux Lannes et Augereau avec le vôtre, les alliés que commande le prince Jérome, la Garde, les divisions Klein et Nansouty. » Il disposait donc de 80.000 hommes contre 50.000 Russes ; de plus, il espère avoir à Posen, le 20 novembre, les corps de Murat, Bernadotte et Soult.

Napoléon envisage cependant le cas où l'ennemi serait en forces supérieures avant l'arrivée de ces derniers corps. Il écrit à Davout « de choisir une belle position près de Posen, et tracer un plan tel que je puisse me retirer sur Stettin ou Kustrin à volonté, c'est-à-dire sur la rive droite ou la rive gauche de la Wartha. Faites bien reconnaître tous les ponts de cette rivière ».

Si l'Empereur se retire sur la rive droite de la Wartha, il prendra sa ligne d'opérations sur Stettin ; d'ici là, les corps lancés à la poursuite de Blücher deviendront disponibles. Si l'ennemi fait face au nord, les forces qui seront sur la Wartha rempliront le rôle de masse de couverture et les corps envoyés contre Blücher déboucheront par Kustrin et Francfort sur son flanc gauche, agissant ainsi comme masse de manœuvre.

Si l'ennemi continue à marcher sur Kustrin et Francfort, les premières forces déboucheront des ponts de la Wartha, devenant ainsi masse de manœuvre, tandis que les autres corps le maintiendront en tête, agissant comme masse de couverture.

C'est la manœuvre que Napoléon projette pour le 18 avril 1809, sur les bords de l'Ilm et du Danube (1). C'est la manœuvre des Prussiens à Sadowa (Ire armée masse de couverture, IIe armée masse de manœuvre).

Le 7 novembre, Blücher capitulait près de Lübeck. Magdebourg se rendait. Napoléon allait pouvoir disposer maintenant de toutes les forces de la Grande Armée.

Conformément aux ordres donnés, Davout entrait le 12 à Posen et lançait immédiatement sa cavalerie le plus loin possible pour qu'elle prenne le contact de l'ennemi.

Le 12, le 12e de chasseurs (moins 150 chevaux) entrait à Kalisch (à 120 kilomètres de Posen) ; le 2e était en face de Thorn (130 kilomètres de Posen) ; le 1er, en avant de Slupce, à 70 kilomètres de Posen sur la route de Varsovie, envoyant un parti de 100 chevaux à Wroclaweck, entre Thorn et Plock ; un autre parti était dirigé sur Graudenz.

Le 13, Napoléon donne ordre à ses trois corps de se rapprocher de Thorn. Il écrit à Davout : « Lannes sera le 15 à Thorn, avancez-vous sur Gnesen. Augereau a ordre de se

---

(1) Voir la Manœuvre de Landshut, par M. le général Bonnal (cours de l'École de guerre).

rendre à Bromberg. Je vous autorise à diriger sur Kowal la division (de cavalerie) Beaumont ; elle pourra envoyer quelques partis à Plock et le général Milhand pourra essayer de s'approcher de Varsovie.

» J'ai ordonné à la division Becker de se rendre à Thorn, Il n'y a dans tout ceci qu'une chose importante : c'est que mes trois corps puissent se réunir en peu de temps, si les mouvements des Russes le rendaient nécessaire. »

Avant tout, Napoléon veut avoir toutes ses forces concentrées : dans le cas où l'ennemi prendrait l'offensive par Thorn contre Lannes, Augereau et Davout le soutiendraient et les trois corps prendraient leur ligne d'opérations sur Posen.

Le 15, Davout annonçait à Napoléon qu'il se rendait à Kowal pour être à portée de Thorn et de Varsovie ; il se conformait à l'esprit des ordres de Napoléon, Gnesen et Kowal étant à la même distance de Thorn.

Les deux divisions de dragons Beaumont et Klein et la division de cuirassiers Nansouty étaient mises provisoirement sous le commandement de Davout pour être employées par lui à l'exploration.

Milhand recevait l'ordre de se porter sur Varsovie.

Le 14, le contact de l'ennemi était pris ; un parti français de 30 hussards appartenant au 5ᵉ corps et qui était entré la veille à Bromberg y était attaqué par deux escadrons prussiens.

Le 16, le colonel Gauthrin, du 5ᵉ corps, trouvait l'ennemi à Tuchel, poussait jusqu'à Schwetz sur la Vistule et envoyait sur Graudenz un parti qui rendit compte que cette ville était occupée par des troupes prussiennes.

Le capitaine Perrin, du 3ᵉ corps, rencontrait, le 16, 60 dragons ennemis à Wroclaweck.

Davout envoyait sur Varsovie un parti de 50 chevaux avec le capitaine Tavernier.

Celui-ci prenait le contact de l'ennemi le 18 à Bolimow.

Il y trouvait 200 Cosaques et rendait compte au général Milhand que Sochaczew était occupé par environ 5.000 à 6.000 hommes d'infanterie et deux régiments de cavalerie prussienne.

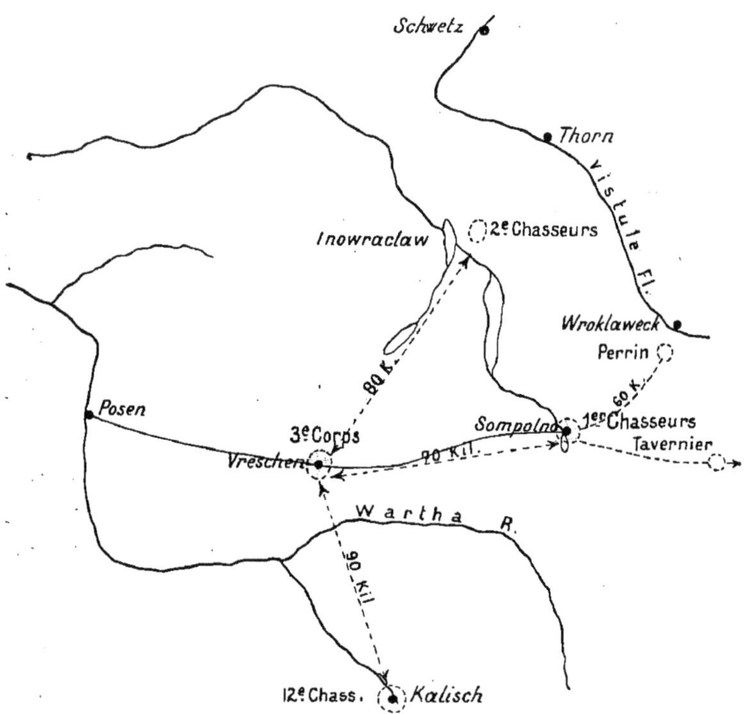

Emplacements de la cavalerie du 3ᵉ corps, le 16 novembre.

Le 19, un parti du 12ᵉ de chasseurs s'emparait de Czenstochau à 120 kilomètres de Kalisch.

Le 18, le 3ᵉ corps, et la cavalerie occupaient les emplacements indiqués par le croquis; deux divisions de cavalerie étaient en avant du corps d'armée pour être consacrées à l'exploration.

Lannes rendait compte qu'en arrivant devant Thorn, il avait trouvé cette ville occupée par 2.000 hommes et qu'il y avait dans les environs 6.000 hommes.

« L'armée prussienne serait forte de 25.000 à 30.000 hommes. »

Il était toujours éclairé sur sa gauche par Treillard qui était alors à Fordon.

DEUXIÈME PARTIE

Le 17 novembre, Napoléon, qui jusqu'alors pensait concentrer son armée vers Thorn, songe à la porter sur Varsovie; il fait écrire ce qu'il suit à Davout :

« L'intention de l'Empereur est que, du moment que vous apprendrez que Lannes est à Thorn et que vous serez assuré qu'il n'y aucune force qui puisse l'inquiéter, et que, par conséquent, il ne puisse avoir besoin de votre secours, Sa Majesté vous autorise à continuer votre mouvement sur Varsovie. »

Le 18, Lannes recevait l'ordre suivant : « Si vous aviez lieu de conjecturer que le roi de Prusse ne soit plus maître de ratifier (un armistice) par l'ascendant des Russes, l'intention de l'Empereur est que vous vous portiez sur Varsovie, ayant votre gauche couverte par la Vistule; Davout marchera par le centre, Jérôme sur la droite par Kalisch, Augereau sur vos derrières (à une marche de Lannes). »

Le 19, le grand-duc de Berg partait de Berlin pour prendre le commandement de l'armée.

Revenons aux opérations de l'armée en Pologne :

Le 20, Milhand rendait compte à Davout que Tavernier, tout en maintenant le contact, « s'était retiré à Pniewice, qu'un gros de Cosaques était entré à Lowicz et qu'un Polonais lui avait dit que l'avant-garde russe qui s'était mise en marche avant-hier de Varsovie avait 10.000 hommes d'infanterie et 2 ou 3 régiments d'infanterie prussienne ». Au reçu de ces nouvelles, Davout ne continue pas sa marche sur Kowal, il réunit l'armée à Lenczyc et Klodawa.

Lannes portera son infanterie près de Brzesc et sa cavalerie à Kowal. Il ne présume pas que l'armée ennemie puisse être réunie avant le 25.

Le 23, Davout avait réuni à Klodawa son corps d'armée et deux divisions d'infanterie; sa cavalerie légère est au contact de l'ennemi, à 70 kilomètres de l'infanterie.

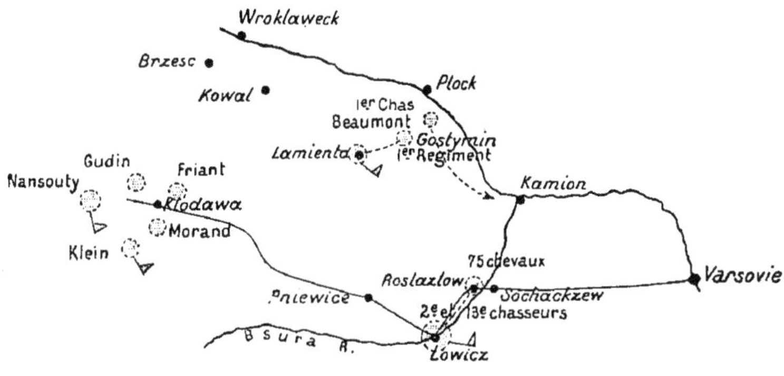

23 novembre.

Le même jour, Murat arrivait à Klodawa et prenait le commandement de l'armée. Lannes commençait son mouvement sur Varsovie, précédé de sa cavalerie qui marchait dans l'ordre suivant : cavalerie légère de Treillard, dragons de Beker. Il était toujours suivi par le 7e corps; le commandant de ce dernier corps, Augereau, avait écrit à Lannes le 20 novembre : « Mandez-moi quelle est votre position pour que je m'établisse près de vous et de manière à vous seconder au besoin, si l'ennemi faisait contre vous quelque tentative. »

Augereau ne voulait pas renouveler la faute commise au début de 1806, lorsque sans nouvelles de Lannes, le 9 octobre, il était resté immobile à Cobourg et n'avait pas pu le soutenir le 10 à Saalfeld (1).

Le 22, Jérôme recevait l'ordre de porter sur Kalisch ses

____

(1) Voir la Manœuvre d'Iéna, par M. le général Bonnal.

divisions bavaroises qui étaient l'une devant Glogau, l'autre
à Parchwitz.

Murat disposait de 80.000 hommes : 3 divisions de dragons, une de cuirassiers, une brigade de cavalerie légère,
quatre corps d'armée.

Le reste de la Grande Armée était en marche sur Posen.

Le 24, Napoléon recevait une lettre de Murat, lui annonçant l'offensive des Russes contre le corps de Davout; il
partait le 25, à 2 heures du matin, pour Posen, pour prendre le commandement de l'armée.

Le jour de son départ, Napoléon écrivait une lettre à
Mortier pour lui indiquer quels étaient les buts que devait
remplir le corps d'armée de trente mille hommes à la tête
duquel il était placé et qui était chargé de couvrir Berlin.

Dans cette lettre, l'Empereur envisage le cas d'une offensive de l'ennemi sur Stettin et l'Oder, pendant qu'il marchera sur Varsovie. Le corps de Mortier doit « pouvoir,
d'après les renseignements qu'on recevrait de l'ennemi,
dans le cas où il se porterait sur Dantzig ou de Graudenz
sur Stettin et sur l'Oder, marcher à sa rencontre sur cette
rivière, de manière à arrêter son mouvement, le tenir en
échec (rôle de la masse de couverture) et donner le temps
au gros de l'armée, qui serait sur Varsovie, de le prendre
en flanc (masse de manœuvre). »

Le commandant de la place de Stettin recevait l'ordre
d'avoir toujours des petits piquets de cavalerie jusqu'à 20
ou 25 lieues de Stettin sur les routes de Dantzig et Graudenz,
et de fournir des postes le long de l'Oder jusqu'au canal
d'Oderberg.

Le commandant de la place de Kustrin devait en établir
à partir de ce point.

Revenons aux opérations en Pologne.

Toute la cavalerie que commandait Murat était passée
en avant du 3ᵉ corps et employée à l'exploration : la cavalerie légère en première ligne; les dragons en deuxième et

les cuirassiers en troisième. Le 25 novembre, elle occupait les emplacements indiqués sur le croquis.

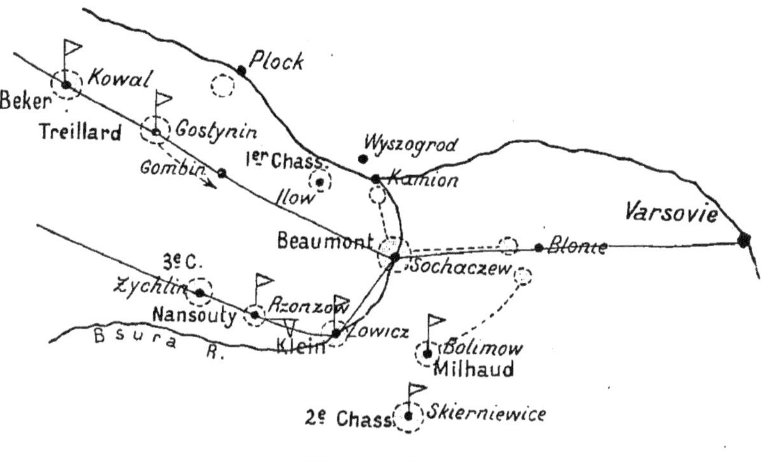

25 novembre.

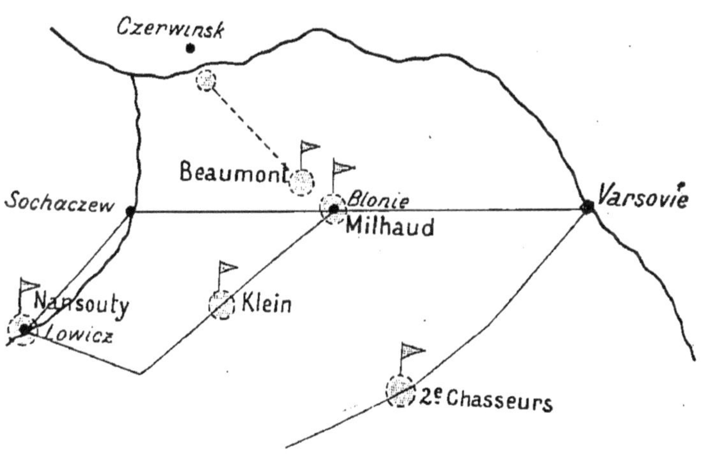

26 novembre.

Le 26, « tous les rapports annonçant que l'ennemi occupait Blonie avec de l'infanterie, de la cavalerie et du canon », Murat n'hésite pas à pousser sa cavalerie sur ce point, « afin de connaître les desseins de l'ennemi et ses forces en avant de Varsovie ». Il donne l'ordre à ses différentes fractions de cavalerie de se porter aux points indiqués sur le croquis; il établit son quartier général à Lowicz.

« Les Russes se retirent derrière la Vistule », sans résistance; Milhand maintient le contact et se porte, « en conséquence, à un mille et demi de Varsovie ».

Le 5e corps, suivi du 7e corps, continuait son mouvement sur Varsovie, en établissant des compagnies de flanc-garde le long de la Vistule; ces flancs-gardes étaient d'abord fournies par le 17e léger, puis relevées successivement par les divisions Suchet, Gazan et le corps d'Augereau.

Le 28, Murat faisait son entrée à Varsovie, à la tête du 13e chasseurs et des compagnies d'élite des divisions Beaumont et Klein.

Le 27, Napoléon arrivait à Posen, dirigeait le 6e corps sur Thorn pour y avoir un point de passage sur la Vistule et pour protéger sa gauche contre une attaque du corps prussien qui se trouvait au nord de cette ville. L'Empereur réunissait à Posen le 4e corps d'armée et les trois divisions de cavalerie Sahuc, Grouchy, d'Hautpoul.

Le 1er corps et la division de cavalerie d'Espagne devaient aussi s'y porter. Napoléon fera appuyer cette masse sur Varsovie, si les Russes évacuent Praga; sinon, il lui fera passer la Vistule à Thorn et tombera avec elle sur l'aile droite des Russes, ce qui ouvrira le passage de la Vistule aux corps qui sont réunis près de Varsovie. C'est le mouvement indiqué par Napoléon au 4e corps avant la capitulation d'Ulm, au cas où Mack eut garni le Lech (1).

C'est la manœuvre prévue pour Soult au début de 1806 (2).

C'est la manœuvre que Napoléon conseille au prince Eugène, en 1813, au sujet de la défense de l'Elbe (3).

---

(1) Voir la Manœuvre d'Ulm, par M. le général Bonnal (cours de l'École de guerre).

(2) Voir la Manœuvre d'Iéna.

(3) Voir la Manœuvre de Lutzen (cours de l'École de guerre).

Napoléon examine le cas où l'armée ennemie débouche-rait par Thorn. « Si l'ennemi passait la Vistule, écrit-il à Ney, vous manœuvreriez sur son flanc pour le contenir et vous en préviendriez le maréchal Augereau et l'Empereur. »

Ney ne doit pas se retirer sur Posen, mais attaquer le flanc gauche des forces ennemies au fur et à mesure qu'elles déboucheront de Thorn; Augereau, puis l'armée qui est à Varsovie viendront le soutenir; si la masse qui se réunit en ce moment à Posen y est encore, elle se portera à la rencontre de l'ennemi, et le contiendra en tête, pendant qu'il sera pris en flanc.

Augereau écrivait le 29 au major-général : « Je désirerais qu'à l'avenir les ordres de Votre Altesse et ceux de M. le grand-duc de Berg fussent conformes. » Les inconvénients de la dualité de commandement s'étaient déjà montrés au début de la campagne de 1806, lorsque Murat et le major-général avaient indiqué à la cavalerie de réserve des emplacements différents (1).

Le 1er décembre, les Russes évacuent Praga; aussitôt Murat s'occupe du rétablissement du pont. Ils se retirent ensuite derrière le Bug et la Narew, en détruisant les ponts.

Des reconnaissances sont immédiatement envoyées sur la rive gauche de ces rivières pour se renseigner sur les positions de l'ennemi et déterminer les points de passage.

Le 5 décembre, Napoléon recevait à Posen la lettre que Murat lui avait envoyée le 2 décembre et dans laquelle il lui annonçait l'évacuation de Praga par les Russes. L'Empereur lui répondait immédiatement : « Ainsi donc, je veux avoir un pont à l'embouchure de la Narew (du Bug) dans la Vistule, où je veux construire une place forte avec deux têtes de pont; je veux avoir une tête de pont à Praga, un pont et une tête de pont sur le Bug, tout le corps du maréchal Davout en avant de la Vistule, pour défendre Praga et

---

(1) Voir la Manœuvre d'Iéna, par M. le général Bonnal.

le pont de la Narew, tout le corps du maréchal Lannes dans Varsovie et même dans Praga ; le corps du maréchal Augereau défendant le pont à l'embouchure du Bug, ayant sa cavalerie légère vis-à-vis de Plock (pour communiquer avec Ney établi en face de Thorn) et occupant Wyzogrod et Zackroczyn. »

Napoléon aura ainsi deux têtes de pont sur la Vistule et deux têtes de pont sur le Bug. Pour défendre une rivière, une armée doit disposer de deux têtes de pont ; si l'ennemi attaque avec ses forces principales une d'entre elles, la masse de manœuvre débouche par l'autre et prend en queue ou en flanc l'ennemi arrêté devant la première ; si l'ennemi commet la faute de diviser ses forces en attaquant les deux têtes de pont en même temps, la masse de manœuvre débouche par l'une d'entre elles et « culbute successivement les divers corps, comme des capucins de cartes ». (Lettre du 14 janvier 1809 de Napoléon à Eugène.)

Ce sont ces principes que Napoléon appliqua à Arcole, lorsqu'il déboucha par Romo pour prendre en queue l'armée d'Alvinzy arrêtée en tête par Vérone. Ce sont ces principes qu'il expose dans une lettre adressée à Bernadotte le 6 mars 1807, au sujet de la défense de la Passarge, et dans ses instructions à Eugène pour la défense de l'Adige en 1809 (1), de l'Elbe en 1813 (2).

Une tête de pont au confluent du Bug et de la Vistule présentait encore un autre avantage, dans le cas où Napoléon opérerait avec son armée au nord du Bug et que des corps ennemis se porteraient entre Narew et Vistule : il n'aurait qu'à prendre par cette tête de pont sa ligne d'opérations qui serait alors couverte par la Vistule et la tête de pont de Praga.

Le 6, Napoléon complète sa lettre : « Il me tarde d'ap-

---

(1) Voir la Manœuvre de Landshut, de M. le général Bonnal.
(2) Voir la Manœuvre de Lutzen (cours de l'École de guerre).

prendre que les ponts sur la Vistule et le Bug sont établis.
Ces deux ponts me sont absolument néeessaires, afin de
pouvoir concentrer mes troupes à Varsovie, n'ayant pas à
craindre, du moment qu'il n'y aura plus d'obstacles, que
l'ennemi puisse s'engager dans aucune opération sur le
bas de la Vistule, et n'ayant aucun obstacle qui puisse
m'empêcher de tomber sur ses flancs. » Puis l'Empereur
explique à Murat la manœuvre qu'il avait déjà indiquée
à Mortier dans une lettre du 25 novembre.

Thorn était enlevé le 6 par le colonel Savary; Ney envoyait de nombreuses reconnaissances vers le nord et le
nord-est.

Le 8, le 1er corps cantonnait près de Posen.

Le 9, Napoléon, pensant que les Russes continueraient
leur mouvement de retraite et que l'on rétablirait vivement
les ponts sur la Vistule et la Narew, indiquait à Murat
quelle allait être la disposition de l'armée : Le 6e corps
serait à Thorn; le 3e corps à Sierock, cantonné entre la
Vistule et la Narew; le 7e corps du côté de Zakroczyn,
Wyszogrod, sa cavalerie légère poussant des reconnaissances sur Plousk; le 5e corps à Varsovie et à Praga, toute
la cavalerie légère à Pultusk.

Supposons que les Russes prennent l'offensive sur Pultusk et Sierock, le 5e corps se portera à Zakroczyn; en admettant que la cavalerie légère ne leur oppose aucune résistance, le 5e corps arrivera à Zakroczyn en même temps qu'ils commenceront à attaquer le 3e corps à Sierock (20 kilomètres de Pultusk à Sierock, 20 kilomètres de Varsovie à Zakroczyn). Le 7e corps sera devant le 5e corps sur la route de Sierock, la queue près de Zakroczyn, sur la rive droite de la Narew. « Davout défendra avec toutes ses forces la tête de pont de la Narew. » (Lettre de Napoléon à Murat, du 9 décembre.)

Quelques heures après l'attaque de l'ennemi sur Sierock, les 7e et 5e corps tomberont sur son flanc droit.

L'Empereur donnait l'ordre à Murat d' « inonder avec sa cavalerie toute la campagne », pour accélérer la retraite des Russes. A cet effet, Murat prendra le commandement de presque toute la cavalerie de la Grande Armée; « trois divisions de dragons, une de cuirassiers, six régiments de cavalerie légère, six des maréchaux Davout et Lannes, deux du maréchal Augereau et cinq des maréchaux Bernadotte et Ney qui sont à Thorn. » La division Tilly, du 1er corps, avait été envoyée directement de Berlin à Thorn pour être placée sous les ordres de Ney. Puis Napoléon disait à Murat : « Établissez votre communication avec le maréchal Ney par la rive droite, occupez avec cette cavalerie le pays et poussez la cavalerie russe jusqu'à son infanterie. »

Napoléon indique ici le rôle de la cavalerie d'exploration dans la poursuite, lorsqu'elle est supérieure à celle de l'ennemi, elle doit battre la cavalerie ennemie, la forcer à se replier derrière son infanterie et ensuite attaquer vigoureusement celle-ci.

Ces ordres de Napoléon ne devaient pas être exécutés, la Grande Armée rencontrant beaucoup de difficultés dans le rétablissement des ponts sur la Vistule et la Narew et l'armée russe ne continuant pas sa retraite.

Le 10 décembre, Napoléon donne les ordres suivants à
Ney. « Dirigez vos reconnaissances sur Plock (où il se lierait
avec celles d'Augereau), pour savoir ce que fait l'ennemi,
et sur Willemberg, où se trouve son aile droite. Il me tarde
d'apprendre que vous avez votre cavalerie (pour être renseigné à temps sur les mouvements des Russes). Si jamais,
ce que je ne saurais penser, les Russes marchaient sur vous
en force, n'engagez pas une affaire à inégale force. Dans ce
cas, repassez plutôt la Vistule. » Napoléon est convaincu que
les Russes battent en retraite, il examine cependant cette
hypothèse, ne voulant rien laisser à l'imprévu ; quand Ney
aura repassé la Vistule, il se conformera à la lettre du 29 novembre et Napoléon exécutera la manœuvre qu'il a conçue
à cette date (voir plus haut). « Surtout, tenez une conduite
circonspecte jusqu'à ce que je vous apprenne que la Narew
est passée. L'ennemi alors serait pris en flanc s'il faisait un
mouvement sur vous. » Si donc les corps de droite arrivent
à passer la Narew, Ney, en cas d'attaque, devra tenir à
Thorn ; il sera renforcé des corps qui sont à Posen (4e, 1er
corps et division Espagne) et Napoléon débouchera avec ses
trois corps de droite (masse de manœuvre) par Zakroczyn
et Sicrock, pour tomber sur le flanc de l'ennemi. Ce sera la
manœuvre d'Arcole renouvelée sur une plus vaste échelle.

Napoléon n'a donc aucune idée préconçue, il est intime-
ment persuadé que les Russes battent en retraite ; cependant,
il envisage, contrairement à cette opinion, les hypothèses
suivantes : offensive des Russes sur la basse Vistule ou sur
Thorn (soit avant, soit après le passage de la Narew par son
armée de droite).

Le Napoléon de 1807 est supérieur au Napoléon de 1812
qui, prenant alors ses désirs pour des réalités, n'admettra
dans sa manœuvre de Wilna que deux hypothèses : immobilité des Russes ou offensive sur Varsovie (1).

---

(1) Voir la Manœuvre de Wilna, par M. le général Bonnal (cours de
l'Ecole de guerre).

Le 11 décembre, Napoléon renforce Ney des deux divisions de dragons Grouchy et Sahuc; et lui prescrit de diriger des reconnaissances sur Plock (110 kilomètres de Thorn) et sur Willemberg (170 kilomètres de Thorn). L'Empereur songe à une offensive des Russes sur Thorn; dans ce cas, il faut que sa réserve stratégique qui est à Posen arrive avant eux à Thorn; or, il y a 120 kilomètres entre ces deux villes; par conséquent, la cavalerie de Ney doit reconnaître le pays au moins jusqu'à 120 kilomètres de Thorn.

Napoléon apprenant que les Russes n'avaient pas continué leur mouvement de retraite et que Murat rencontrait de grandes difficultés dans le rétablissement des ponts sur la Vistule, se décide, le 12 décembre, à porter sa réserve sur Thorn.

Le 4e corps reçoit l'ordre de se porter sur Inowaclaw et Sompolno.

Dans une lettre du 13, Napoléon expose les dispositions qu'il projette pour la campagne au delà de la Vistule.

« Le maréchal Bessières prendrait, jusqu'à nouvel ordre, le commandement du 2e corps de la réserve de cavalerie. Ce corps se composerait :

» De la division de cavalerie légère du général Tilly (du 1er corps d'armée), des divisions de dragons Sahuc et Grouchy, de la division de cuirassiers du général d'Hautpoul. »

Napoléon met sous un seul commandement toute la cavalerie d'exploration.

Tilly était à Thorn depuis le 12, Sahuc et Grouchy devaient y arriver le 15, d'Hautpoul le 17.

« La cavalerie légère du maréchal Ney éclairerait sur Strasbourg, sur la route de Kœnigsberg. »

Cette cavalerie n'était pas mise sous le commandement de Bessières, car elle avait la mission spéciale de couvrir le 6e corps et de surveiller les Prussiens, contre lesquels Napoléon ne voulait entreprendre aucune opération active.

« Tout le 2e corps de réserve du maréchal Bessières se

jetterait sur la droite, du côté de Ryppin et Biezun, s'éclairant sur Soldau, point où, d'après Napoléon, se trouverait peut-être la droite des Russes.

» Dans cette situation, le maréchal Bessières se trouverait à mi-chemin de Thorn à Pultusk. »

Napoléon envoie sa cavalerie d'exploration le plus loin possible « pour avoir des nouvelles positives sur ce que veulent faire les Russes » ; il désire particulièrement savoir « où ils appuient leur droite ». Napoléon forme un nouveau plan dans le cas où les Russes resteraient immobiles. Il se portera sur leur droite avec l'armée qu'il dirige sur Thorn et les séparera des Prussiens, ce qui sera facile si chacune des deux armées ennemies songe à conserver sa propre ligne de communications (Grodno pour les Russes, Kœnigsberg pour les Prussiens), comme en 1796 les Autrichiens et les Piémontais (Milan pour les premiers, Turin pour les seconds). Ce résultat obtenu, Napoléon tournera l'aile droite des Russes avec son armée de Thorn, tandis que celle qui opère près de Varsovie immobilisera les Russes. C'est la manœuvre qu'il concevra au début de 1812, mais dans de plus grandes proportions (1).

Napoléon continue ainsi sa lettre : « Le corps du maréchal Soult passerait la Vistule vis-à-vis de Wroclaweck le 16, et les postes du maréchal Bessières et ceux du maréchal Soult se rencontreraient à Lipno. La jonction une fois faite, toute la cavalerie légère du maréchal Soult se jetterait sur la droite du côté de Plock, en longeant la Vistule, pour favoriser le passage du maréchal Augereau, qui s'effectuerait du côté de Zakroczyn, et celui du général Watier vers Wyszogrod, et enfin celui du maréchal Davout, qui se trouve à l'embouchure du Bug, dans la Vistule, à Nowyclwor.

Chaque corps ouvrira ainsi le passage de la Vistule au corps qui est à sa droite.

____

(1) Voir la Manœuvre de Wilna, par M. le général Bonnal.

La cavalerie du 4ᵉ corps n'est pas mise sous le commandement de Bessières, car elle a un rôle de sûreté, couvrir son corps d'armée et favoriser le passage du corps de droite.

« Le principal but du maréchal Bessières serait de manœuvrer pour balayer la plaine (les corps qui sont en arrière seront ainsi en toute sécurité) « et faire sa jonction par sa droite avec la cavalerie du maréchal Soult. »

Le terrain sera ainsi battu de la Drewenz à la Vistule.

« Son second but serait de jeter l'ennemi au delà de la rivière de la Wkra et de favoriser le passage du corps du maréchal Augereau, de celui du maréchal Davout, et enfin de la cavalerie du grand-duc de Berg. » Il contribuera ainsi à l'accomplissement de la mission confiée à Soult et à Augereau.

« Le troisième but du maréchal Bessières serait de reconnaitre l'ennemi sur Pultusk et Willemberg, afin de bien connaitre quels seraient ses projets. »

Napoléon suppose que la gauche des Russes doit être vers Pultusk, la droite vers Willemberg, à hauteur des sources de l'Orzyc, point « où ils donneraient la main aux Prussiens, qui borderaient la petite rivière de la Passarge, la droite appuyée à la mer. »

L'Empereur insiste sur le rôle principal de la cavalerie d'exploration, « bien connaitre quels seraient les projets des Russes ».

Enfin, dernier but, « décider entièrement les Prussiens à la retraite ». Napoléon serait alors tranquille pour son flanc gauche; mais il ne donne cette mission à Bessières que dans le cas où « leur projet n'est point de tenir sérieusement dans la position qu'on suppose qu'ils occupent ». Les Russes constituent l'armée principale, l'Empereur ne songe à s'engager que contre eux.

En attendant que Napoléon connaisse les projets des Russes, il fait occuper à ses corps les emplacements indiqués sur le croquis. (Lettre du 13 décembre.)

La Grande Armée présente deux masses placées perpendiculairement l'une par rapport à l'autre, séparées par un intervalle de 100 kilomètres (Dobrzyn-Zakroczyn) et reliées entre elles par la cavalerie.

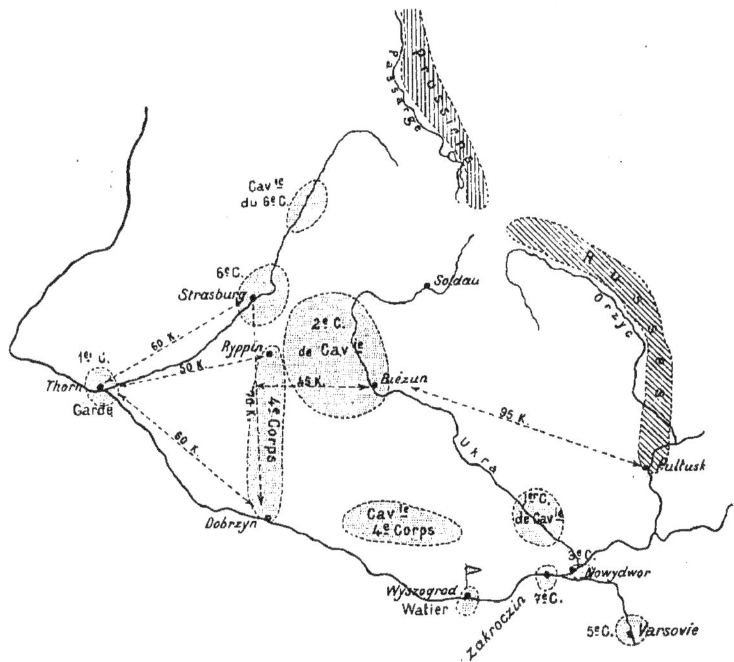

Si l'ennemi se porte sur Varsovie, la masse de droite devient masse de couverture, celle de gauche remplit le rôle de masse de manœuvre et tombe sur le flanc droit des Russes.

Si l'ennemi se dirige sur Thorn, la masse de gauche devient masse de couverture, celle de droite remplit le rôle de masse de manœuvre ; elle passe facilement la Narew et tombe sur le flanc gauche de l'ennemi.

Voyons comment opérerait la masse de gauche en cas d'une attaque des Russes vers Thorn.

La cavalerie étant à mi-distance de Thorn à Pultusk sera à 95 kilomètres de Thorn (190 kilomètres de Thorn à Pultusk). Comme il y a 50 kilomètres de Thorn à Ryppin, elle se trouvera à 45 kilomètres de l'infanterie. Si l'ennemi se porte sur Biezun-Thorn, elle donnera le temps aux 4e et 6e corps de se concentrer au milieu de la ligne Strasbourg-Dobrzyn, puisque les fractions les plus éloignées de ces corps auront 35 kilomètres à parcourir au plus (70 kilomètres de Strasbourg à Dobrzyn). Le 1er corps et la Garde arriveront au plus tard une heure après l'attaque de l'ennemi (50 kilomètres de Thorn au point de concentration des 4e et 6e corps).

Si l'ennemi attaque le 6e corps à Strasbourg, celui-ci battra en retraite sur Thorn, et comme il y a la même distance de Thorn à Strasbourg que de Thorn à Dobrzyn (60 kilomètres), le 4e corps arrivera à Thorn au plus tard en même temps que le 6e corps, et toute l'armée s'y trouvera concentrée.

Napoléon prévoit dans la même lettre le cas où les Russes se retireraient; il prendrait alors ses cantonnements; la saison est trop mauvaise pour entreprendre une campagne en Russie, il marcherait à un désastre, comme cela devait lui arriver en 1812. Seul « le grand-duc de Berg se mettrait à leur poursuite avec les 30.000 ou 40.000 chevaux qui sont à l'armée », afin d'accélérer leur retraite et leur causer quelques pertes.

Napoléon a donc prévu tous les cas; immobilité des Russes, retraite des Russes, offensive des Russes soit sur Varsovie, soit sur Thorn, soit sur la basse Vistule.

Le jour où l'Empereur se décidait à diriger la moitié de son armée sur Thorn, le pont de Varsovie était achevé.

Dans la nuit, Napoléon recevait une lettre de Murat, lui annonçant la retraite de l'ennemi; il ne peut donner suite à son projet de tourner la droite des Russes; alors, « l'ennemi ne peut être atteint que par la cavalerie, écrit l'Empereur à Murat, et cela vous regarde. Tâchez de communiquer par la rive droite sur Thorn et sur Ryppin », ce qui sera facile, les Russes se retirant, « envoyez des reconnaissances sur Biezun, pour faire votre jonction avec Bessières ».

L'ennemi battant en retraite, le 4e corps n'aura plus besoin de sa cavalerie pour le couvrir; aussi Napoléon décide qu'elle sera mise sous les ordres de Bessières, dès que le 4e corps aura passé la Vistule. De même, la cavalerie des maréchaux Davout, Lannes et Augereau sont mises directement sous le commandement de Murat, pour être employées comme cavalerie d'exploration. « Avec une si grande quantité de cavalerie vous pourrez couper le chemin de Kœnigsberg à Pultusk (pour empêcher toute jonction entre les Russes et les Prussiens) et entamer l'arrière-garde ennemie..... Votre cavalerie doit écraser l'ennemi, le rejeter dans une terreur panique..... Mon infanterie prendrait du repos. »

Davout occupera Sierock, avec une division à Pultusk; Augereau, Zakroczyn-Wyszogrod; Lannes, Varsovie; Soult se concentrera du côté de Plock. Napoléon assigne aux trois premiers corps les emplacements qu'il leur avait indiqués le 9 décembre, dans l'hypothèse où les Russes continueraient leur retraite.

Mais, dans la nuit du 14 au 15, l'Empereur recevait des renseignements lui annonçant « que les deux routes de Grodno et de Brest-Litowki étaient couvertes de Russes qui marchaient dans le sens de la Vistule ». Leurs colonnes se dirigent donc vers Sierock et Pultusk. Napoléon revient au plan qu'il a conçu dans cette éventualité : il tournera, avec sa masse de gauche, la droite des Russes qu'il suppose vers Pultusk, tandis que la masse de droite les immobilisera. Ordre à Ney de se diriger sur Pultusk par Ryppin et Biezun; à Soult, de traverser la Vistule à Wroclaweck et de se diriger sur Pultusk par Plonsk, « de manière à être à droite du maréchal Ney, qui, avec son corps formera votre gauche, et dans ces positions vous trouver à même de vous secourir mutuellement suivant les circonstances. Votre principal but doit être d'avancer par votre droite pour vous réunir au corps du maréchal Augereau » qui venait de traverser la Vistule à Zakroczyn. La division Leval devait venir occuper Thorn, en attendant que le 1er corps y arrive. La cavalerie légère de Ney recevait l'ordre de rester en observation sur Strasbourg, sur Culmsee et Culm, afin de surveiller les Prussiens.

La masse de gauche présente donc deux corps en première ligne (6e corps à gauche, 4e corps à droite) et un en réserve (le 1er corps), en arrière du centre.

Elle est éclairée par le corps de cavalerie de Bessières qui doit se lier avec celui de Murat.

L'Empereur partait avec sa garde de Posen pour Varsovie afin d'être à proximité du théâtre des opérations.

Le 17 décembre, Napoléon se rendant compte des difficultés que rencontrera Soult dans le passage de la Vistule à Wroclaweck lui donne l'ordre de venir la traverser près de Zakroczyn. Le 7e corps s'établira : la droite à la Vistule, la gauche à Plonsk, où il se liera au 1er corps.

La masse de gauche comprendra à gauche Ney qui doit se porter sur Biezun, à droite Bernadotte qui doit se diriger sur Plonsk. Elle est toujours précédée par Bessières.

L'intention de Napoléon est « d'attaquer le 21 ou le 22 l'ennemi » qui se trouve sur la rive gauche de l'Ukra. L'Empereur dispose d'une tête de pont sur la Narew, au confluent de l'Ukra, et sur la Vistule d'une autre tête de pont, près de Zakroczyn. Mais les travaux pour l'établissement des ponts en ces deux points s'effectuent très lentement.

Le 18, à minuit, Napoléon arrive à Varsovie. Il n'ordonnera l'attaque générale que lorsque le pont que Davout construit sera terminé, et que, par suite, il pourra déboucher avec toute sa cavalerie, les 3e et 5e corps ; d'ici-là Augereau ne devra pas se compromettre; il recommande à Bernadotte de manœuvrer avec prudence sans trop s'engager, jusqu'à ce qu'il communique avec Zakroczyn. Soult viendra en deuxième ligne près de Wyszogrod.

Le 20, la cavalerie établissait la liaison entre l'aile droite et l'aile gauche de l'armée. Le 21, Augereau recevait l'ordre de se diriger sur Plonsk pour se rapprocher de l'Ukra; pour lui faciliter ce mouvement, Napoléon le renforçait des brigades Milhand et Watier : Augereau allait ainsi disposer de six régiments de cavalerie légère.

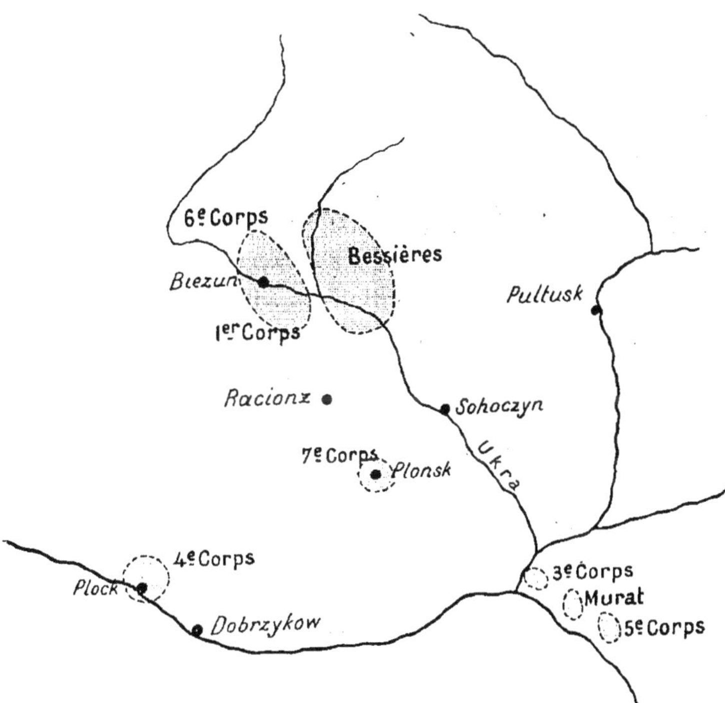

Le pont que Davout construisait sur le Bug, était sur le point d'être terminé, l'Empereur donnait l'ordre à Murat de tenir prête sa cavalerie pour la faire déboucher sur la rive droite.

Le 4ᵉ corps traversait la Vistule à Dobrzyskow et à Plock

où le passage était plus facile à effectuer qu'à Wyszogrod, point indiqué par Napoléon.

D'après une lettre du major général à Soult, la Grande Armée devait occuper, le 22, les emplacements indiqués sur le croquis.

Elle comprenait deux masses; celle de droite était composée des 7e corps et 3e corps en première ligne, ce dernier corps devant déboucher du pont du Bug et se former à la droite du 7e corps; en deuxième ligne étaient les 5e et 4e corps; le 5e prêt à déboucher aussi du pont du Bug, le 4e corps devant se porter en arrière de la gauche du 7e corps, prêt à prolonger la première ligne et à lier la masse de droite avec la masse de gauche; le 1er corps de cavalerie couvrirait la masse droite. Quant à celle de gauche elle devait être à Biezun; elle était formée des 6e et 1er corps, précédés par la cavalerie de Bessières; c'était cette masse qui allait remplir le rôle de masse de manœuvre.

Le 22, le pont sur le Bug étant achevé, ordre au 3e corps d'armée et au 1er corps de réserve de cavalerie de traverser le Bug; ordre à Lannes de se porter de Varsovie au pont; ordre à Soult de se diriger sur Plonsk, prêt à appuyer sur Racionsk.

Le 23 au matin, Napoléon arrive au pont que Davout a établi sur le Berg, donne l'ordre au 3e corps de déboucher, puis de passer l'Ukra près de Pomichowo et de rejeter l'ennemi au delà.

Comme pour le passage du Danube à la bataille de Wagram, du Niémen par Davout en 1812, l'Empereur règle tous les détails de l'exécution de l'opération, au lieu d'en laisser le soin à Davout.

Le soir même, les Russes étaient rejetés au delà de Czarnowo.

Bessières, de son côté, repoussait une vigoureuse attaque de l'ennemi sur Biezun.

Augereau reçoit l'ordre de continuer son mouvement

vers l'Ukra; il se dirigera sur Nawemiasto; Soult se portera
sur Plonsk, « de manière à le soutenir s'il était engagé dans
une affaire sérieuse ».

L'intervention d'Augereau va attirer l'attention de l'ennemi sur Nowemiasto et l'obliger à y porter une partie de
ses forces, ce qui dégagera d'autant les 3e et 5e corps et
facilitera leur débouché.

Le major général écrit à Bernadotte, qui commande
l'aile gauche de l'armée : « L'Empereur, qui se rend au pont
du Bug, vous expédiera de là des ordres vers 9 heures du
matin, afin de vous faire connaître la direction que vous
aurez à prendre. » Mais une estafette a au moins 80 kilomètres à parcourir depuis le pont du Bug jusqu'à Biezun,
dans un pays très coupé. Napoléon, au lieu d'être à l'aile
droite de son armée et de concentrer toute son attention au
passage du Bug, aurait dû être au centre pour que ses
ordres arrivent le plus rapidement possible à ses différents
corps. Il commettra la même faute au début de 1812, dans
sa manœuvre de Wilna, il se tiendra à la gauche de son
armée.

De plus, Bernadotte ignore quel est le plan général de
la manœuvre ; il ignore quel est le rôle qu'il a à remplir.
Napoléon lui a donné l'ordre de se diriger sur Biezun ; là,
« il lui fera connaître la direction qu'il doit prendre ».

S'il n'atteint pas le point qui lui est assigné à l'heure
prescrite, si les Russes changent d'ici là leurs dispositions,
si les ordres que Napoléon lui envoie de l'aile droite ne lui
parviennent pas à temps, Bernadotte ne pourra pas con-
courir à l'exécution du plan général.

Napoléon commettra la même faute en 1812; il n'indi-
quera pas à son aile droite le plan qu'il a conçu. D'ailleurs,
dans la plupart des manœuvres, Napoléon garde pour lui
le plan qu'il a formé. Il ne cherche pas, par des instructions générales, à développer l'initiative de ses subordon-
nés ; le jour où ils commanderont des armées ; soit en Es-

pagne, soit en 1813 en Allemagne, ils n'auront plus Napoléon pour les diriger, ils ne sauront pas concevoir un plan de manœuvre, ils se feront battre.

Dans cette lettre à Bernadotte, l'Empereur songe cependant au cas où ne lui parviendrait pas « l'ordre qui lui fera connaître la direction à prendre ». « Si les renseignements que vous pouvez avoir, lui dit-il, vous donnent à croire que l'ennemi soit en force à Pultusk ou en tout autre endroit, il faut vous y diriger. » Par son attaque, Bernadotte contribuera à dégager l'aile droite de la Grande Armée.

Le 24, Davout culbutait les Russes à Nasielsk; il était suivi immédiatement du 5e corps. Le 7e corps, suivi du 4e corps, se dirigeait sur Nowemiasto, où se trouvait la droite ennemie; la réserve de cavalerie liait les deux masses et se portait par Borkowo à Nasielsk. Elle culbutait près du premier point la cavalerie ennemie.

Le 7e corps effectuait le passage de l'Ukra à Kolozomb et battait les 15.000 hommes qui le défendait. Soult se dirigeait sur Sohoczyn, pour se porter en arrière de la gauche du 7e corps.

Bessières, au lieu de poursuivre l'ennemi après le combat de Biezun et de maintenir le contact, était resté immobile.

Le matin du 25, Napoléon commence à voir plus clair dans les positions des Russes. Les corps qu'il a battus à Nasielsk se retirent par Strzegocin sôit sur Golymin, soit sur Pultusk. Ciechanow est occupé par l'ennemi, il pense donc que celui-ci avait détaché une division vers Nasielsk, une autre à Nowemiasto et d'autres fractions à Sierock, et qu'avec toutes leurs forces les Russes vont prendre position la gauche à Golymin, la droite vers Ciechanow. Il donne ordre au 5e corps de se porter à Pultusk, sur une de leurs lignes de retraites, comme il avait dirigé Davout à Naumbourg en 1806. Napoléon adjoint à Lannes la division de dragons Beker.

Les 3e et 7e corps se porteront sur Golymin, le 3e à droite, le 7e à gauche; en arrière de la gauche de ce dernier était le 4e corps, prêt à prolonger la première ligne.

Bernadotte avec Bessières, les 1er et 6e corps, trouveront la droite de l'ennemi vers Ciechanow; la réserve de cavalerie de Murat liera l'attaque de front et l'attaque enveloppante.

Dans la journée du 25, la réserve de cavalerie bousculait à Lopaczyn une colonne ennemie qui y passait la Sonna et se repliait sur Strzegocin.

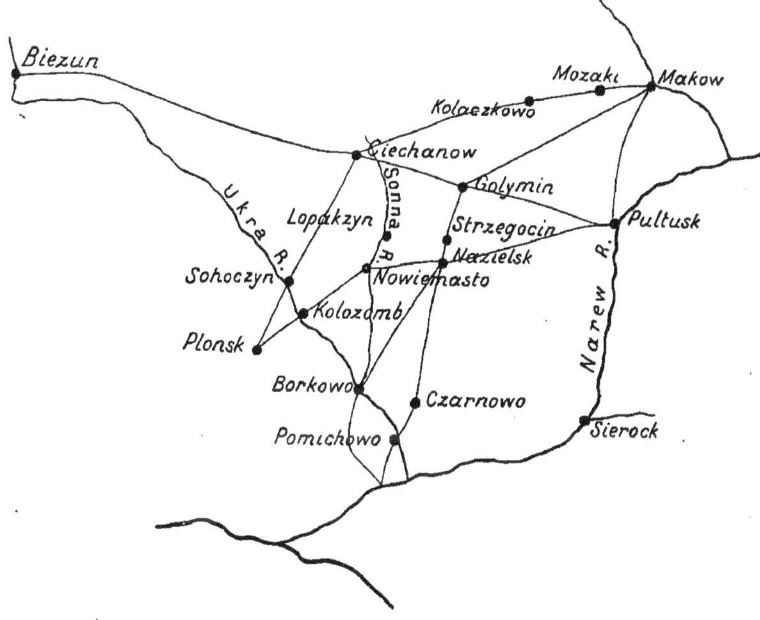

Napoléon se décide à porter son quartier général au centre de son armée, à Lopaczyn.

Le 26, à 3 heures du matin, Napoléon ne pouvant plus compter sur Bernadotte pour tourner la droite de l'ennemi donne l'ordre à Soult de diriger son corps sur Ciechanow avec la cavalerie légère de Watier. A 6 heures du matin, ordre à Augereau de se porter sur Golymin, sa cavalerie légère le liant à Soult.

Quant à sa réserve de cavalerie, elle attendra des ordres jusqu'à ce que « l'Empereur sache ce qui se passe à Strzegocin et Golymin ».

A 9 heures du matin, Napoléon écrit à Murat : « L'ennemi est parti à 2 heures du matin pour Golymin ; l'intention de l'Empereur est que vous partiez avec votre cavalerie et que vous tombiez sur ses flancs, le général Beaumont le poursuit en queue ; l'Empereur désire que vous ne vous trompiez pas dans la direction de l'ennemi. »

La veille, Murat avait laissé échapper la colonne qu'il avait culbutée.

Augereau, en se dirigeant sur Golymin devait prendre en flanc les forces qui étaient en train de se retirer sur ce point. Napoléon, prévoyant le cas où elles se porteraient du côté de Pultusk, écrit à Davout : « Il est convenable que vous l'y suiviez, afin que Lannes ne soit pas seul à subir leur attaque. »

Le 5e corps s'emparait de Pultusk, après une vigoureuse résistance des Russes. Les 3e et 5e corps, une partie de la réserve de cavalerie battaient à Golymin les Russes ; ceux-ci se retirèrent ensuite sur Osbrolenka.

Le soir, le 4e corps atteignait Ciechanow ; Watier était à Mosaki, sur le flanc de la ligne de retraite des Russes sur Ostrolenka.

Quant à l'aile gauche de l'armée, elle n'avait pas compris le rôle qui lui était attribué. Bessières, qui commandait sa cavalerie d'exploration, aurait dû, sans attendre aucun ordre, lancer sa cavalerie sur Ciechanow où étaient signalées des forces ennemies. Au lieu de faire cela, il était resté immobile depuis plusieurs jours à Biezun, où le 1er corps l'avait rejoint.

Le 6e corps, cherchant à couper les Prussiens des Russes, les battait le 26 à Soldau et les rejetait sur Neidenburg.

Les victoires remportées par Napoléon à Pultusk, Golymin et Soldau n'étaient nullement décisives. La manœuvre qu'il avait projetée avait manqué en partie par sa faute, en partie par celle de Bernadotte et de Bessières, comme nous l'avons expliqué plus haut.

Napoléon sera obligé d'attendre le 14 juin suivant pour détruire l'armée russe.

La majeure partie des Russes s'étant repliée par Makow sur Ostrolenka, Napoléon dirige tout de suite sa réserve de cavalerie sur ce point; mais, en raison de la boue et du manque de vivres, elle ne peut poursuivre que mollement l'ennemi qui, d'ailleurs, est peu ébranlé par les combats livrés par Napoléon. Elle marche dans l'ordre suivant : cavalerie légère, dragons, cuirassiers.

En arrière de la cavalerie, la masse de droite de la Grande Armée occupe un front de 35 kilomètres. Lannes à droite à Pultusk, Davout au centre près de Golymin, Soult à gauche à Kolakzowo; en deuxième ligne, le 7e corps derrière le centre.

L'ennemi, après le combat de Pultusk, s'était retiré sur Rozan par la rive droite de la Narew. Lannes le fait poursuivre par sa cavalerie légère et sa division de dragons soutenue par une brigade d'infanterie.

Le major-général écrit à Bernadotte :

« L'instruction de l'Empereur est que vous vous portiez sur Willemberg et d'abord sur Chorzellen et que de là vous passiez la rivière de l'Omulew; l'objet de votre mouvement est de faire croire à l'ennemi que l'Empereur veut se porter sur Grodno. »

En se retirant le long de la rive droite de la Narew, les Russes peuvent employer comme ligne de défense l'Orzyc, l'Omulew, rivières dont le cours est perpendiculaire à la direction de leur droite. Napoléon, avec sa masse de droite, les attaquera de front, tandis que Bernadotte, en débouchant sur leur flanc droit à Chorzellen d'abord, à Willemberg ensuite, les forcera soit à se retirer, soit à livrer bataille dans des conditions très défavorables pour eux.

Quant à Ney, il contiendra les Prussiens et les poussera même sur Neidenburg, en se tenant cependant toujours à portée, de manière à ce que les deux corps d'armée puissent réunir leurs forces suivant les circonstances. Ney remplira le même rôle que celui qui avait été assigné le 22 avril 1796 à la division Laharpe, dont la mission était de contenir les Autrichiens pendant que la masse principale de l'armée de Bonaparte poursuivait ses opérations contre les Piémontais, et qui était placée à une distance telle de cette masse qu'elle pût lui prêter son concours (1).

Le 29, Napoléon, craignant que les Russes ne s'arrêtent à Makow, sur l'Orzyc, pour lui livrer bataille, songe à concentrer son armée ; il donne ordre à Soult de se diriger sur ce point. « En ce cas, Murat ne les attaquera pas, mais prendra position ainsi que Soult, en attendant l'arrivée des corps de Davout, Augereau et Lannes. » Ces corps sont à 17 kilomètres de Makow : Pultusk (5e corps), Golymin (3e et 7e corps).

Mais les Russes continuèrent leur retraite sur Ostrolenka, suivis par la réserve de cavalerie.

Bessières se décidait à porter sa cavalerie en avant, mais il n'était point encore à la hauteur du 6e corps.

La cavalerie de Soult était envoyée à Przasznic pour relier la droite et la gauche de l'armée.

---

(1) Voir dans le *Journal des sciences militaires* de 1897, Étude sur 1796-97, par J. C.

TROISIÈME PARTIE

Cantonnements provisoires. — *29 décembre.*

En raison de la mauvaise saison, de l'état déplorable des chemins et du manque de vivres, la poursuite devenait impossible. Napoléon se décide à prendre ses cantonnements d'hiver.

Pendant quatre ou cinq jours, la Grande Armée s'installera dans des cantonnements provisoires aux emplacements indiqués par le croquis ci-dessous, pour évacuer les parcs et voir quel parti prendra l'ennemi. Après quoi, elle s'établira dans des cantonnements définitifs.

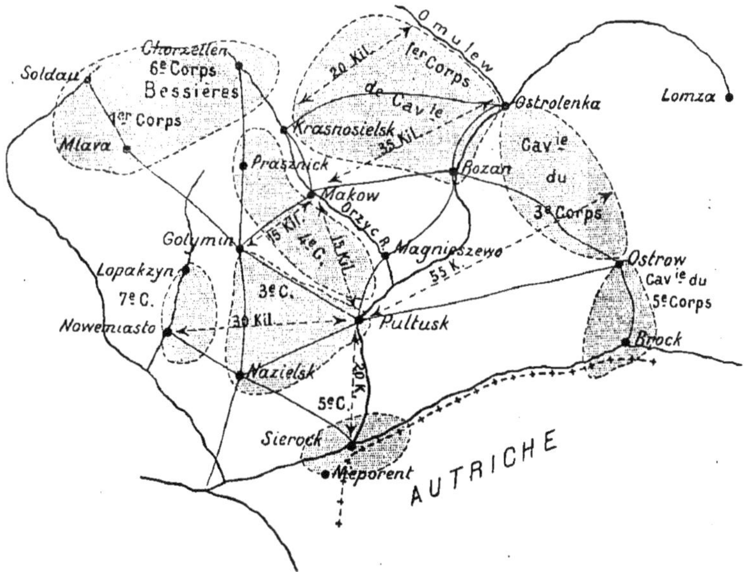

La cavalerie de Murat restera en position entre l'Orzyc

et Rozan pendant la prise des cantonnements provisoires et devra agir de facon à ce que l'ennemi ne s'aperçoive pas de la détermination de Napoléon.

A cet effet, Belliard poussera deux escadrons jusqu'à Ostrolenka où « ils devront s'établir, s'il est évacué et, envoyer de là tous les renseignements qu'ils auront pu obtenir sur la direction que prend l'armée russe ». C'est par le maintien du contact et par les renseignements qui en seront la conséquence que la cavalerie assurera à l'armée toute tranquillité et toute sécurité pour procéder à son installation dans les cantonnements.

Soult, s'établira le long de l'Orzyc, avec la mission de couvrir l'armée. Dans quatre ou cinq jours, quand on prendra les cantonnements définitifs, la cavalerie n'aura plus à remplir un rôle d'exploration, mais de sûreté ; on n'emploiera alors que le minimum de cavalerie nécessaire, qui sera mise sous les ordres du commandant du corps de couverture, Soult.

Ordre à tous les corps de ne plus bivouaquer mais de cantonner immédiatement.

Les trois brigades de cavalerie légère qui étaient sur l'Omulew étaient mises sous les ordres du général Lassalle ; elles étaient soutenues en arrière par deux divisions de dragons cantonnées à Rozan et Krasnosielsk. La division de cuirassiers Nansouty était installée sur l'Orzyc dans les cantonnements de l'infanterie.

Le lendemain, 30 décembre, Napoléon donnait l'ordre à Davout de faire cantonner sa cavalerie sur la rive gauche de la Narew depuis Pultusck, Ostrow et près d'Ostrolenka.

Celle de Lannes sera cantonnée depuis Sierock, le long du Bug, jusqu'à Brock.

Examinons quelles dispositions l'Empereur prendra si les Russes l'attaquent pendant que son armée est installée dans ses cantonnements provisoires.

1re *hypothèse.* — Si l'ennemi se porte d'Ostrolenka sur

Makow, le corps de Soult, qui est couvert par la cavalerie à 35 kilomètres aura le temps de se concentrer à Makow (25 kilomètres de Przasznic à Makow, 15 kilomètres de Magnieszewo à Makow). Les 3e et 7e corps arriveront au plus tard en même temps que l'ennemi à Makow (35 kilomètres de Makow à Nasielsk et à Nowemiasto, points extrêmes des cantonnements des 3e et 7e corps). Le 5e corps suivra immédiatement le 3e corps (40 kilomètres de Nieporent à Makow).

Pendant que cette armée résistera de front aux Russes, celle de Bernadotte (1er corps, 6e corps d'armée et 2e corps de cavalerie) qui est à Soldau, Mlava, Chorzellen et qui a sa ligne de communication sur Thorn, tombera sur le flanc droit des Russes,

Si l'attaque de l'ennemi se produit à Przasnic, la division qui s'y trouve battra en retraite vers Makow et l'armée de droite (4e, 3e, 5e et 7e corps) se concentrera entre Makow et Golymin ; on retombe dans l'hypothèse précédente.

2e *hypothèse*. — Si les Russes prennent l'offensive par la presqu'ile entre Bug et Narew, les 5e et 3e corps, couverts par leur cavalerie à 55 kilomètres, se concentreront à Sierock et Pultusk, les 7e et 4e corps auront le temps d'arriver à Pultusk avant l'ennemi (30 kilomètres de Pultusk à Nowemiasto, 40 kilomètres de Przasznic à Pultusk).

L'armée de Bernadotte se portera également sur ce point.

Si l'ennemi se porte sur Pultusk, Napoléon y appelle une partie du 5e corps (20 kilomètres de Pultusk à Sierock). Si les Russes se dirigent sur Sierock, le 5e corps, renforcé au besoin du 7e corps, leur tient tête, et le reste de la Grande Armée débouche de Pultusk pour prendre en flanc l'armée ennemie.

3e *hypothèse*. — Si les Russes se portent sur Varsovie par la rive gauche du Bug, Napoléon prend sa ligne de communication par Zakroczyn et, pendant que l'ennemi est tenu en tête par Praga, l'Empereur débouche avec son armée par Sierock.

Le 4e corps, qui est corps de couverture, occupe un grand front, plus de 40 kilomètres, alors qu'au début de 1806, le 5e corps, qui avait la même mission, pouvait se réunir en 3 heures près de Schweinfürth ; mais ces dispositions différentes répondent à des situations différentes.

En 1806, Napoléon, voulant surprendre l'ennemi, n'envoie pas en avant du corps de couverture de grandes forces de cavalerie ; aussi le 5e corps doit pouvoir se réunir rapidement pour recevoir l'ennemi. Il n'en est pas de même en 1807 ; l'Empereur peut lancer à 50 et 60 kilomètres en avant du corps de couverture une force importante de cavalerie. Si, dans les deux cas, l'ennemi prend l'offensive, les résultats seront les mêmes, les corps de couverture auront le temps de se rassembler pour le recevoir.

Revenons aux opérations sur l'Omulew.

Les Russes se retiraient lentement et maintenaient des forces sur cette rivière ; la cavalerie seule ne pourra pas les forcer : il faudra de l'infanterie. Napoléon a absolument besoin de faire occuper l'Omulew, pour avoir sa liberté de manœuvre ; il écrit à Soult : « On pourra profiter du premier moment pour résoudre l'ennemi à abandonner cette ligne, avec quelques bataillons d'infanterie. »

Cantonnements définitifs. — Le 1er janvier, Napoléon donne ses ordres pour que la Grande Armée prenne ses quartiers définitifs. Les 3e et 4e corps conserveront les mêmes emplacements ; le 5e corps s'établira de Sierock à Varsovie, le 7e entre l'Ukra et la Vistule.

En cas d'attaque, le 3e corps se réunira à Pultusk, le 4e à Golymin, le 5e à Sierock. Napoléon fera face aux différentes éventualités en manœuvrant comme nous l'avons expliqué plus haut à propos de la prise des cantonnements provisoires.

Napoléon laissait à Soult neuf régiments de cavalerie

légère et une division de dragons pour se couvrir. Le reste était envoyé près de la Vistule. La division de dragons Beker devait soutenir la cavalerie légère de Davout dans la presqu'île entre Bug et Narew.

Quant à Bernadotte, Napoléon le chargeait d'une mission spéciale. « L'intention de l'Empereur, lui écrivait le major général, est de vous détacher avec votre corps d'armée, votre cavalerie légère et la division de dragons Sahuc, pour vous porter sur Elbing, couvrir tout le bas de la Vistule, bloquer Dantzick et menacer Kœnigsberg. » 15.000 hommes de troupes auxiliaires étaient chargés des sièges de Dantzick et de Graudenz. Napoléon employait ses meilleures troupes pour former le corps d'observation ; c'est ainsi que, dans les guerres futures, on pourra se servir des divisions de réserve pour assiéger les places fortes et conserver pour la guerre de campagne les divisions de l'active.

La Grande Armée devait occuper les cantonnements indiqués par le croquis.

Le 4 janvier, Napoléon donne à Ney la mission de couvrir le siège de Graudenz. Le corps de cavalerie de Bessières est dissous. Les divisions qui le composaient sont réparties entre les 1er et 6e corps pour être employées à la sûreté. La division Tilly est rendue à son corps d'armée (1er corps); une division de dragons est donnée à chacun des deux corps : Sahuc au 1er corps, Grouchy au 6e corps. Quant à d'Hautpoul, il cantonnera en arrière de l'infanterie.

L'ennemi ayant maintenu son arrière-garde à faible distance de la cavalerie française et le pays étant très coupé, Soult détache sept compagnies d'infanterie légère pour faire avec la cavalerie le service des avant-postes. Lannes et Davout font de même.

Dans le cours de cette campagne, nous voyons Napoléon faire un emploi judicieux de sa cavalerie, en la groupant ou en la répartissant suivant les circonstances de la guerre.

Au début, l'Empereur a besoin d'être renseigné sur les

mouvements de l'ennemi; il forme deux grands corps de cavalerie, qui seront employés à l'exploration et qui seront sous le commandement direct du commandant de l'armée. En arrière d'eux, chaque corps d'armée (sauf le 1er corps, qui, au début, est loin de l'ennemi) dispose d'une division de cavalerie légère pour faire le service de sûreté.

Quand Napoléon charge un corps d'armée d'une mission spéciale qui va mettre ce corps en présence de l'ennemi, il le renforce immédiatement en cavalerie : Lannes, envoyé sur Pultusk, est renforcé de Beker; Augereau, dirigé sur Plonsk, est renforcé des brigades Milhaud et Watier; le corps d'armée emploiera une partie de la cavalerie à l'exploration, une autre à la sûreté.

Quand l'Empereur prend ses quartiers d'hiver, la cavalerie n'ayant plus à remplir qu'un rôle de sûreté, il en affecte une partie aux corps de première ligne, le surplus est renvoyé derrière l'infanterie. Le 1er corps reçoit Sahuc, le 6e Grouchy ; le 3e corps a déjà Beker ; quant au 4e corps, qui est corps de couverture de l'armée, il est plus fort en cavalerie que les autres ; il dispose de neuf régiments de cavalerie légère et d'une division de dragons.

Au contraire, quand les corps n'auront rien à craindre pour leur sûreté, par exemple quand l'ennemi, déjà à grande distance de ceux-ci, battra résolument en retraite. Napoléon enlèvera aux corps leur division de cavalerie ; Murat réunira sous son commandement toute la cavalerie de la Grande Armée, disposant ainsi de 30.000 à 40.000 chevaux (lettres des 9 et 13 décembre de Napoléon à Murat).

Le 7 janvier, Napoléon donnait ses dispositions générales pour les cantonnements définitifs de l'infanterie.

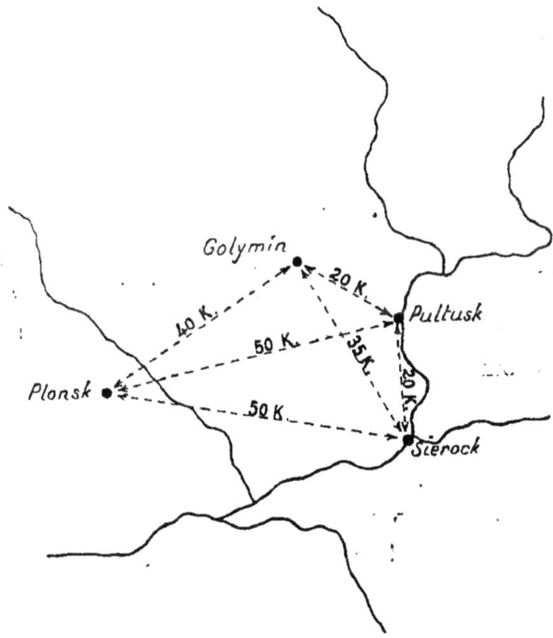

En cas de mouvement offensif de la part de l'ennemi :

Le 6e corps se réunirait à Mlawa ;

Le 4e corps à Golymin ;

Le 3e à Pultusk ;

Le 5e à Sierock ;

Le 7e à Plonsk.

En cas d'attaque, les quatre corps (4e, 3e, 5e, 7e) seront concentrés chacun à un sommet d'un quadrilatère ; les deux côtés qui font face aux directions probables d'attaque de l'ennemi ont chacun 20 kilomètres de longueur ; les deux autres 40 et 50 kilomètres.

L'armée est couverte à 60 kilomètres en avant par sa cavalerie, elle peut donc être concentrée en un point quelconque de ce quadrilatère avant l'arrivée de l'ennemi en ce point.

De nombreuses reconnaissances étaient faites en avant de la ligne occupée par la cavalerie. Napoléon donnait des ordres pour l'organisation des têtes de pont de Pultusk, Sierock, Modlin, Praga, dont le rôle a été exposé plus haut.

Le 9 janvier, les troupes légères de Davout entraient dans Ostrolenka, Soult poussait sa cavalerie sur la Rosaga.

Le 18, Napoléon apprenait que Ney, après sa victoire de Soldau, s'était porté à la suite des Prussiens vers Kœnigsberg et qu'il était déjà arrivé à Bartenstein. Il chargeait le major général de lui exprimer tout son mécontentement. « Vous sentez assez, Monsieur le Maréchal, que les mesures partielles nuisent au plan général des opérations et peuvent compromettre toute une armée. »

Un chef quelconque ne doit jamais s'engager sans ordre dans des expéditions partielles.

De plus, Ney avait commis la faute de disséminer ses troupes dans son mouvement en avant. « A l'avenir, Monsieur le Maréchal, l'Empereur ordonne que votre corps d'armée marche en masse et jamais décousu, ainsi que vous l'avez fait dans ce dernier mouvement.

» L'Empereur vous ordonne de prendre les cantonnements tels qu'ils vous ont été ordonnés. Faites-le lentement. »

Le 20, Ney commençait son mouvement rétrograde en

vertu des ordres qu'il avait reçus par l'intermédiaire de Bernadotte. L'ennemi le suivait dans sa retraite, cherchant à déborder la droite du 6° corps.

Le 19, le 1ᵉʳ corps, en se portant aux emplacements qui lui avaient été assignés par Napoléon, était attaqué près de Mohrungen par les Prussiens.

A la même date, des reconnaissances et des espions rendaient compte « que deux divisions russes sous Essen (24.000 hommes) occupaient le triangle Nuv, Lomza, Brensk; qu'une forte colonne d'infanterie, cavalerie et artillerie ennemies, avait quitté les bords de la Narew et se dirigeait sur Bialla, Johannisburg et Rhein.

Le 21, Soult informait l'Empereur que l'armée russe était divisée en deux colonnes, l'une de 36.000 hommes sous Buxhowden, l'autre de 40.000 hommes sous Bennigsen. Davout annonçait au major général que, d'après des officiers russes faits prisonniers, elles marchaient sur la vieille Prusse, peut-être sur Kœnigsberg.

Le 23, Davout rendait compte que les Russes inquiétaient ses avant-postes, que des déserteurs appartenant aux corps de Buxhowden et de Bennigsen étaient arrivés; que, d'après leurs dires, ils auraient quitté leurs corps le 15 janvier à Johannisburg où se réunirait le corps de Bennigsen.

Bernadotte, ayant reçu de Ney la nouvelle qu'il était serré par l'ennemi, ne songe plus à exécuter les instructions de l'Empereur; il se prépare, avec juste raison, à se porter sur Osterode pour soutenir le mouvement rétrograde du 6° corps.

Ney écrivait le 23 de Hohenstein au major général : « On assure que l'ennemi a dégarni une grande partie de sa gauche depuis Ostrolenka, Johannisburg et Nikolaïken, pour se diriger sur la Passarge, en débouchant par Rastenburg. »

Ney s'arrête le 23 à Soldau, Gilgenburg, Neidenburg, couvert au Nord et au Nord-Est par Colbert et Grouchy, pour attendre que le 1er corps vienne se placer à la gauche du 6e corps, dans son mouvement rétrograde.

Le lendemain il écrit au major général : « Des rapports de négociants dignes de foi s'accordent avec les déserteurs et prisonniers à dire qu'un rassemblement considérable de troupes russes se fait dans ce moment entre Mulhausen et Preuss-Eylau ; que l'armée combinée aux ordres du général Benningsen est forte de 80.000 hommes. »

Le même jour, Napoléon reçoit de Soult une lettre du 23, dans laquelle il lui rendait compte que, d'après Ney, 8.000 cavaliers russes marchaient sur Guttstadt, Alenstein, Hohenstein, Neidenburg, et qu'ils étaient suivis par une forte colonne conduite par Bennigsen ; les Prussiens se seraient réunis aux Russes.

Napoléon ne croit pas encore le 24 à une offensive générale des Russes ; il pense que les mouvements de l'ennemi sont le résultat de l'expédition inconsidérée de Ney ; il écrit cependant à Soult qu'en cas où l'ennemi prendrait carrément l'offensive de prévenir immédiatement Augereau et de réunir le 4e corps à Golymin.

Davout rend compte à minuit qu'il n'est pas inquiété et « qu'il n'y a pas de doute que les armées de Buxhowden et Bennigsen ne soient en marche dans la vieille Prusse. »

Le général Campana informe Lannes qu'il a devant lui 24.000 hommes sous Muller et Essen.

Le 25, Napoléon admet la possibilité de l'offensive de l'ennemi. Il écrit à Lefebvre d'envoyer un officier près de Bernadotte pour avoir des nouvelles et de rassembler toutes les forces destinées au siège de Dantzig afin d'assurer la place de Thorn.

Ordre à Augereau d'envoyer aussi un officier près de Ney et un près de Bernadotte et de se préparer à réunir son corps d'armée à Plonsk et Racionz. Lannes fera ses préparatifs de départ.

Mais Napoléon continue à croire, le 26, que l'ennemi va

prendre ses quartiers d'hiver, après avoir repoussé l'attaque inconsidérée de Ney ; il fait cependant soutenir le 6e corps à droite par le 4e corps ; ordre à Soult « d'occuper Willemberg avec une forte avant-garde d'infanterie et de cavalerie, et de se lier avec Ney, qui est entré en ligne et en position à Neidenburg ». « Votre point de réunion, écrit le major général à Soult, si vous étiez attaqué en force, ne devra plus être Golymin, mais Przasznic. »

Napoléon rapproche du 6e corps le point de réunion du 4e corps, en cas d'une vigoureuse offensive ; mais, comme l'Empereur n'est pas encore sûr que les forces principales des Russes se portent contre le 6e corps, il indique un point de réunion plus près de Pultusk que de Neidenburg (Przasznic est à 40 kilomètres de Pultusk, 50 de Neidenburg).

« Bernadotte restera sur la Passarge, si l'ennemi veut prendre ses quartiers d'hiver. Si, au contraire, il prend nettement l'offensive, le 1er corps se concentrera à Osterode (on a vu que Bernadotte avait déjà eu cette idée) et manœuvrera de façon à couvrir Thorn et le flanc gauche de Ney. »

Napoléon lui ordonne donc d'abandonner les sièges de Dantzig et de Graudenz, comme il avait abandonné le siège de Mantoue en 1796, pour faire face à l'armée ennemie.

Si le 1er corps est forcé de se replier sur Thorn, il sera soutenu en ce point par les troupes de Lefebvre et l'Empereur débouchera sur le flanc gauche de l'ennemi avec toute son armée.

QUATRIÈME PARTIE

27 janvier. — Le 27 janvier, l'Empereur, décidément instruit que l'ennemi prend l'offensive, lève ses quartiers d'hiver et donne ses ordres pour réunir son armée (ce qui demandera trois à quatre jours) et marcher à l'ennemi.

Ordre à Murat de partir immédiatement pour Willemberg où il réunira le corps de Soult et tout ce qu'il aura sous la main de sa réserve ; cette cavalerie et le 4e corps formeront, sous son commandement, l'avant-garde générale.

Le reste de la cavalerie de réserve se réunira à Mlawa ; Murat lui assignera ensuite un objectif, suivant les circonstances.

Ordre à Augereau de diriger son corps d'armée sur Mlawa, à Davout de réunir le sien à Pultusk.

L'Empereur met à exécution le plan qu'il a exposé à Mortier dans une lettre du 25 novembre, lettre dans laquelle il envisageait le cas où l'ennemi prendrait l'offensive sur la basse Vistule.

Son armée va se réunir en arrière de Willemberg ; précédée de son avant-garde générale, elle se portera ensuite contre le flanc gauche de l'ennemi.

Si celui-ci, au lieu de continuer son mouvement vers la basse Vistule, suit Bernadotte, ce dernier deviendra couverture de manœuvre ; il se retirera de position en position sur Thorn où il sera appuyé par les troupes que Lefebvre y aura rassemblées.

Ney, au lieu de soutenir le 1er corps, « le laissera se replier sur Thorn » et couvrira le rassemblement de la Grande Armée. Murat dirigera de suite contre l'ennemi la partie de la réserve de cavalerie qui se réunit à Mlawa, et la fera appuyer immédiatement par celle qui se rassemble à Willemberg.

La réserve de cavalerie et le 6e corps formeront l'avant-garde générale de l'armée, et la Grande Armée, faisant ainsi face à gauche, tombera sur le flanc gauche de l'ennemi, maintenu en tête par Bernadotte.

C'est la manœuvre prévue par Napoléon le 9 octobre 1806, dans le cas où Lannes serait repoussé près de Grafenthal par des forces supérieures (1). Le 5e corps avait l'ordre de se retirer sur Cobourg où se trouvait le 7e corps, afin d'attirer l'ennemi dans cette direction.

Les 1er et 3e corps devaient déboucher respectivement par les routes de Schleiz à Saalfeld et d'Ebersdorf à Grafenthal, dans le flanc gauche de l'ennemi, maintenu en tête par les 5e et 7e corps.

C'est la manœuvre prévue par la Grande Armée avant la traversée du Franken-Wald, dans le cas où les Prussiens se porteraient contre le 7e corps à Francfort (1).

Revenons à 1807. Le 5e corps était chargé d'une mission spéciale : celle de contenir le corps d'Essen dans la presqu'île entre Bug et Narew ; Napoléon lui prescrivait de prendre l'offensive, afin que les Russes ne se doutent pas du départ de la Grande Armée. Dans le même but, Davout avait l'ordre de dissimuler les mouvements de la Grande Armée.

28 *janvier*. — Le 28, l'Empereur, apprenant que l'ennemi n'a pas continué à suivre Bernadotte vers Thorn, prend la résolution « de percer l'ennemi par son centre, et de jeter sur sa gauche et sur sa droite des partis ennemis qui ne se seraient pas retirés à temps ».

Il prendra donc l'offensive par Willemberg vers le nord ; « le 1er février, l'Empereur y sera à la tête de son avant-garde ».

---

(1) Voir la Manœuvre d'Iéna, par M. le général Bonnal.

Le dispositif qu'il va adopter en se portant en avant est une formation en losange, qui lui permettra d'entrer comme un coin dans l'armée ennemie et de faire ensuite face, soit à droite, soit à gauche. C'est le dispositif qu'il avait pris avant Iéna. « Le bataillon carré de 200.000 hommes », qui lui permettait de faire face immédiatement, soit sur Iéna, soit sur Leipzig.

Le 28, l'Empereur donne les ordres suivants :

Le 31 au soir, le grand-duc de Berg sera en avant de Willemberg sur Ortelsburg, Soult à Willemberg, Ney à Hohenstein, Davout à Myszyniec, Augereau à Neidenberg-Janow, la Garde à Chorzellen.

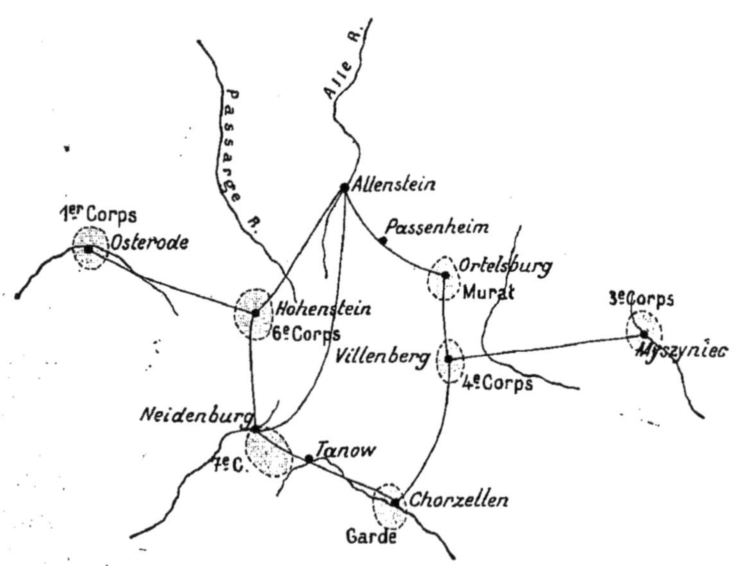

Ordres du 28 pour le 31 au soir.

En prenant pour axe principal du mouvement de la Grande Armée la direction Chorzellen-Willenberg-Ortelsbourg, l'Empereur couperait la retraite aux Russes en les atteignant à l'un des points de passage de l'Alle; la Grande Armée, ayant son corps de gauche sur cette rivière, n'aurait qu'à faire face à gauche pour être rapidement concentrée devant l'ennemi en l'un de ces points.

Le 31 au soir, la Grande Armée aura encore un front de 80 kilomètres.

Le 1er corps, qui avait la mission spéciale de couvrir Thorn, devait se rassembler à Osterode.

Le 6e corps avait été porté un peu en avant pour le relier à l'armée.

Afin que le 3e corps fût réuni le plus tôt possible à Myszyniec, tout ce qui était sur la rive droite de la Narew s'y rendrait par Makow et Rozan et ce qui était sur la rive gauche, éloigné de Pultusk, passerait par Ostrolenka.

Napoléon écrit à Clarke : « Comme un corps pourrait être coupé et jeté sur le bas de la Vistule et peut-être plus loin, je vous ai recommandé d'envoyer du monde à Stettin et d'avoir l'œil sur ce qui se passera, afin de pouvoir prévenir le maréchal Mortier, le conseiller, et empêcher l'ennemi, non seulement de passer l'Oder, mais le contenir et retarder sa marche pour que le corps qui le suivrait en guerre ait le temps de l'atteindre. »

L'Empereur pense qu'aussitôt qu'il commencera son attaque, les troupes ennemies qui sont engagées vers la basse Vistule battront en retraite; dans ce cas, Bernadotte a ordre de les pousser, afin que toutes les forces de la Grande Armée donnent contre l'armée ennemie.

En se rendant de Varsovie à son avant-garde, Napoléon passe à Pultusk, pour donner ses instructions au 5e corps, qui va rester isolé de l'armée.

Après avoir pris l'offensive, « le 5e corps aura pour principal but de couvrir la rive droite de la Narew, depuis la rivière de l'Omulew, jusqu'à Sierock; de garder la position de Sierock, et la portion de le rive du Bug, depuis Sierock, jusqu'à la frontière autrichienne » (à 5 kilomètres de Sierock).

Le 5e corps s'appuiera sur les têtes de pont de Pultusk,

Sierock, et au besoin prendra sa ligne de communication par Modlin, au lieu de la prendre par Praga.

Le 30 janvier, à minuit, en passant à Przasznic, Napoléon écrit à Davout de se préparer à se porter sur Ortelsbourg; à Murat, de se tenir prêt à se diriger, avec Soult, sur Passenheim. L'armée va appuyer vers Allenstein, point de passage de l'Alle; elle se formera en losange en marchant, présentant un front de 30 kilomètres. En cinq jours, Napoléon aura donc ployé sur sa gauche son armée qui occupait un front de 110 kilomètres (de Hohenstein à Pultusk), sur une profondeur de 50 kilomètres (de Pultusk à Varsovie).

31 *janvier*. — Le 31 janvier, Napoléon arrive à son avant-garde à Willemberg; ordre à Murat et à Soult de se porter sur Passenheim; à Ney, de se porter à mi-chemin de Gilgenburg, à Allenstein.

Le 1er corps est chargé de couvrir la ligne de communication de l'armée, dans le cas où l'ennemi chercherait à déborder la gauche de l'armée; il devra gagner Gilgenburg, et afin que l'ennemi ne s'en aperçoive pas, il exécutera ce mouvement par une marche de nuit, laissant devant l'ennemi un régiment de cavalerie légère pour entretenir les feux des bivouacs. Après quoi, ce régiment se dirigera sur Thorn, pour faire retourner les convois et les détachements. Si le 1er corps ne peut pas exécuter cette manœuvre, il continuera son mouvement sur Thorn, mais reprendra l'offensive vigoureuse dès que l'ennemi coupé commencera sa retraite.

Napoléon ne veut pas que l'ennemi s'aperçoive du mouvement que le 1er corps doit faire pour venir se placer en arrière de la gauche de la Grande Armée; l'ennemi n'aurait qu'à suivre le 1er corps et viendrait menacer la ligne de communication de l'Empereur, avant que la Grande Armée ait percé le centre de l'ennemi.

Dans la journée, Napoléon reçoit une lettre de Davout lui annonçant des mouvements ennemis en avant de sa

droite ; au lieu de se porter sur Ortelsbourg, Davout ralliera son corps d'armée et enverra de fortes reconnaissances
sur Johannisburg et Nikolaïken.

1er *février*. — La masse principale de l'ennemi étant à
l'ouest de l'Alle, Napoléon continue son mouvement sur
Allenstein avec le reste de l'armée. Le but de l'Empereur
« est de tourner le corps qui est vis-à-vis Lobau et qui est
opposé au maréchal Bernadotte. L'on peut supposer que ce
corps cherchera à se retirer sur Allenstein ou bien sur Guttstadt », qui sont deux points de passage importants sur
l'Alle.

Avant le jour, Napoléon écrit à Soult de porter 2 divisions à Passenheim et 1 à Ortelsbourg ; sa cavalerie légère
se portera à Mensguth, éclairant les routes de Bischofsburg
et de Nikolaïken ; il se liera (ensuite) ainsi par sa droite
avec Davout.

Murat aura soin de s'éclairer sur Wartenburg, Allenstein et Hohenstein, se liant à Ney.

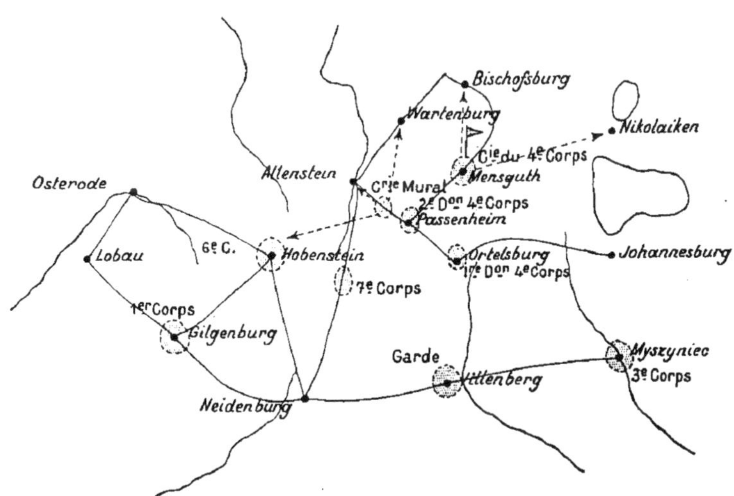

Ordres pour le 1er février au soir.

D'après les ordres donnés le 1er février au soir, la Grande

Armée devait occuper les emplacements indiqués par le croquis.

Napoléon écrivait, le 1er février, à Lefebvre : « Il serait possible que l'ennemi, se trouvant entièrement coupé, n'eût d'autre ressource que de se jeter sur Thorn (comme Wurmser après Bassans s'était jeté sur Mantouc). Lefebvre le contiendrait et la colonne ennemie qui serait coupée serait vivement talonnée » (comme par l'armée de Bonaparte en 1796).

Davout rendait compte à Napoléon, ce jour là, qu'il n'y avait aucun ennemi sur sa droite ; l'armée va donc se diriger tout entière sur Allenstein et se placer face à gauche.

Ordre au 3e corps de se porter le 2 février sur Ortelsbourg, en laissant une arrière-garde à Myszyniec pour relier l'armée au 5e corps et protéger la droite de sa ligne de communication, comme le 1er corps couvrira la gauche.

Ordre au 7e corps de coucher demain 2 à quatre lieues d'Allenstein ; le 7e corps étant en deuxième ligne, sa cavalerie légère se réunira à celle de Murat, la cavalerie de Ney et celle de Bernadotte suffisant pour protéger le flanc gauche de la Grande Armée.

Ordre à Ney et à Soult de se porter sur Allenstein.

L'Empereur aura ainsi le 2 au soir, en ce point, la réserve de cavalerie, 3 corps d'armée et la Garde, soit 60.000 hommes ; à 40 kilomètres en arrière, à Ortelsbourg, le 3e corps, soit 20.000 hommes.

Le major général rappelle à Murat, commandant l'avant-garde générale (cavalerie et 4e corps), le rôle d'une avant-garde. « Si l'ennemi est inférieur, c'est-à-dire n'a que 13 à 14,000 hommes, il faut l'attaquer et tâcher d'avoir quelque chose dans sa retraite. Si, au contraire, l'ennemi avait ses forces réunies, vous prendriez position devant lui. » De cette façon, le commandant de l'armée aura la direction du combat ; elle ne lui échappera pas, comme cela est arrivé en 1870, aux Prussiens dans plusieurs de leurs victoires.

Ordre à Soult « de marcher militairement ».

Une avant-garde qui marche à la rencontre de l'ennemi doit donc marcher en formation de manœuvre.

L'ennemi montrant environ 25.000 hommes dans la journée du 2 février, l'avant-garde générale se tient sur la défensive et ne lui tire que quelques coups de canon.

Mais comme les différents corps sont encore trop loin d'Allenstein et que les communications entre eux sont mal établies, Napoléon ne peut pas faire appuyer son avant-garde par son armée; aussi craint-il que l'ennemi n'en profite pour se retirer sur l'autre point de passage de l'Alle, Guttstadt. « Les nouvelles qu'on a pu recueillir sont que le

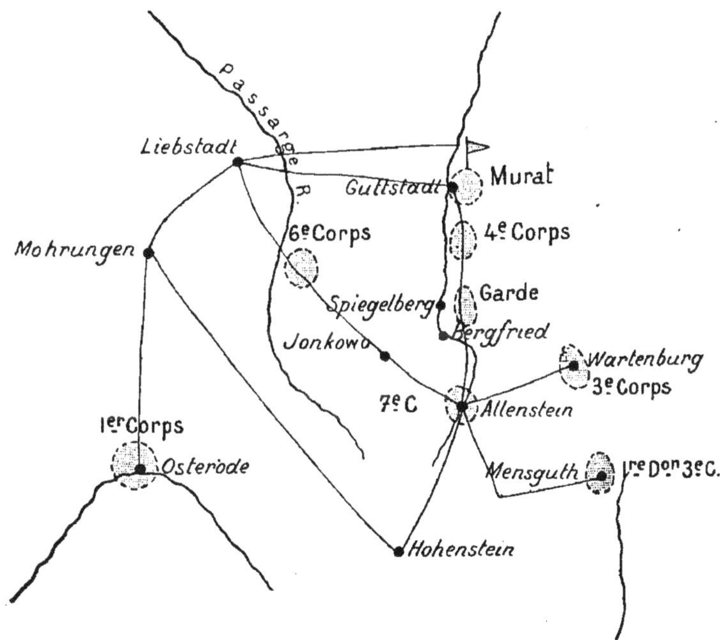

Ordres du 3 matin.

général Bennigsen est à Mohrungen..... Il est plus que probable que, dans ce moment, il est en retraite. » L'Empereur se portera donc sur Guttstadt-Kœnigsberg pour essayer de le couper. Le 1er corps, qui ne doit plus avoir d'ennemi devant lui, viendra à Osterode, ce qui lui permettra de remplir deux buts, prendre part à une bataille s'il y en a une, et assurer la communication de Napoléon sur Thorn. Napoléon va abandonner sa ligne d'opérations sur Varsovie, qui est un point trop excentrique ; d'ailleurs, au cours de cette campagne, il changera plusieurs fois de ligne d'opérations, donnant là encore une preuve de son génie. (Voir sa lettre du 22 septembre 1808 au roi d'Espagne : « Changer sa ligne d'opérations est une opération de génie. »)

3 février. — Le 3 février, au matin, Napoléon donne ses ordres pour marcher sur Guttstadt.

Ordre à l'avant-garde générale de s'y porter, à Augereau de gagner Allenstein, à Davout d'atteindre Wartenburg, à Ney de se trouver entre Osterode, Allenstein et Guttstadt.

Si l'ennemi ne cherche pas à couper la route de Thorn, le 1er corps s'avancera en même temps que l'armée.

L'armée formera ainsi un losange de 30 kilomètres de front, flanquée en arrière de sa gauche par le 1er corps à Osterode, en arrière de sa droite par une division du 3e corps à Mensguth pour protéger sa ligne de communication.

L'avant-garde générale commence à exécuter le mouvement prescrit sur Guttstadt, lorsqu'elle signale l'ennemi en position à Jonkowo.

Napoléon fait culbuter ses avant-postes, afin de pouvoir déboucher du pont d'Allenstein ; il établit son quartier générale à Gettkendorf, où il donne ses ordres pour l'attaque. Le corps de Ney et une division de Soult, soutenus par le 7e corps et la Garde, seront chargés de l'attaque de front ; le reste du 4e corps et le 3e corps, de l'attaque décisive ; le 4e corps débordera le flanc gauche des Russes par le pont de Bergfried ; le 3e corps se formera à sa droite vers Spiegelberg.

Dès que l'ennemi vit qu'il allait être débordé, il battit en retraite.

4 février. — La journée se passa en combats avec l'arrière-garde ennemie ; le soir, la Grande Armée occupait les emplacements indiqués par le croquis.

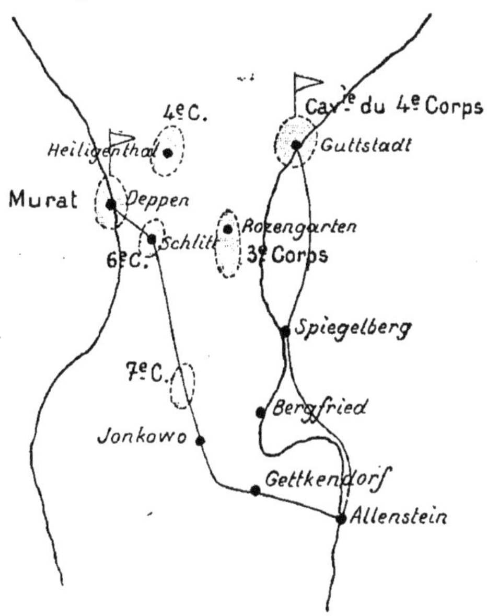

Positions de l'armée le 4 février au soir.

Le 5 au matin, Napoléon, ignorant les intentions de l'ennemi, ne peut donner que des instructions générales à ses différents corps.

5 février. — Il pense cependant que l'ennemi va chercher à arriver avant lui à Landsberg, l'important est donc de déborder le flanc gauche des Russes.

Murat a ordre d'envoyer des reconnaissances vers le Nord et de se diriger avec toute sa cavalerie sur le point où l'ennemi serait reconnu en position ; il est probable que les Russes s'établiront entre Liebstadt et Guttstadt pour avoir le temps de faire filer leurs bagages. Murat manœuvrera sur leur flanc gauche ; Soult, appuyé par Davout, qui se rendra à Guttstadt, manœuvrera toujours sur leur flanc gauche.

Une division de dragons (Grouchy) est adjointe au 3ᵉ corps, comme on avait attaché à Lannes la division Beker, lorsque le 5ᵉ corps s'était porté sur Pultusk, sur l'une des lignes de retraite de l'ennemi.

L'attaque du centre sera faite par la Garde et le 7ᵉ corps. Ney avait une mission spéciale; celle de détruire une colonne prussienne qui avait été coupée de l'Alle; mais, dans le cas où elle s'enfoncerait dans les terres, le 6ᵉ corps ne devait pas dépasser Liebstadt, pour être à proximité de l'armée.

Napoléon voulait avoir ses forces concentrées; le plus grand front qu'elles pouvaient avoir était de 20 kilomètres (Guttstadt-Liebstadt).

Si les Russes prenaient position entre ces deux points, Ney devait marcher sur leur flanc droit.

L'ennemi battant en retraite, Bernadotte recevait l'ordre de le rejoindre.

Ney culbutait, le 5, à Deppen, la colonne prussienne, la poursuivait jusqu'à Liebstadt où il s'arrêtait.

Les autres corps, poussant devant eux les colonnes enne-mies, s'établissaient le soir :

Davout, au Nord de Guttstadt et Freymarkt,

Soult et Murat à Freymarkt,

Le 7ᵉ corps à Sommerfeld,

La Garde à Arensdorff,

L'armée est réunie en losange, pouvant faire face à droite ou à gauche; les 6ᵉ et 3ᵉ corps, qui occupent respectivement la rive gauche de la Passarge et la rive droite de l'Alle, lui permettent de déboucher au delà de chacune des rivières.

6 février. — Le 6, à 2 heures du matin, Napoléon, ap-prenant que l'ennemi réunissait ses forces à Landsberg, donne ordre à Murat se porter au jour sur ce point; il sera soutenu par Soult, puis par le 7ᵉ corps, la Garde et le 6ᵉ corps, qui reçoivent l'ordre de s'y rendre. Davout se portera d'abord sur Heilsberg, pour déborder ensuite la gauche de l'ennemi.

Ordre à Bernadotte de détruire la colonne de Lestocq, qui, après avoir été culbutée par Ney, se serait retirée sur Mohrungen.

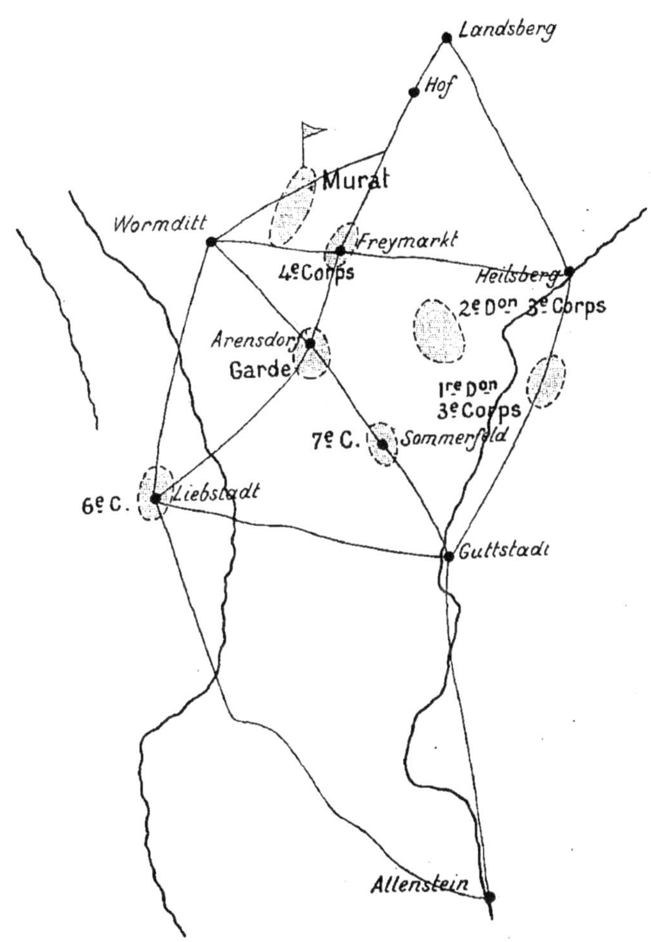

Position de l'armée le 5 février au soir.

Les commandants des corps d'armée enverront des rapports à Freymarkt, où l'Empereur sera vers 7 heures; c'est de là qu'il donnera ses ordres pour l'attaque.

Napoléon, recevant de Ney une lettre lui rendant compte qu'il n'avait pas eu complètement raison de la colonne de Lestocq, lui ordonne d'en finir avec elle, de se diriger sur Wormditt pour lui couper la retraite, tandis qu'elle sera prise en queue par Bernadotte.

Le 6, Davout bat une arrière-garde ennemie à Helsberg; Napoléon avec Murat, les 4ᵉ et 7ᵉ corps en culbute une autre à Hof.

7 février. — Le 7, l'Empereur avec Murat, les 4ᵉ et 7ᵉ corps et la Garde se dirigent sur Eylau et s'emparent de cette ville après un combat acharné.

Napoléon, pensant que Lestocq était coupé et avait rebroussé chemin, donne ordre à Ney de se porter à Krenzburg, prêt à couper la retraite de Kœnigsberg aux Russes après la bataille. Bernadotte se chargera de Lestocq.

Ordre à Davout de se porter entre Eylau et Bartenstein, à une lieue et demie d'Eylau, c'est-à-dire à droite de la ligne de bataille, pour attaquer le flanc gauche des Russes.

Le lendemain, 8 février, était livrée la bataille d'Eylau.

Napoléon restait maître du champ de bataille, mais ce n'était pas la victoire décisive qu'il espérait, qui devait terminer la campagne, comme Austerlitz, comme Iéna.

L'armée russe, comme à Golymin, se retirait en bon ordre, prête à livrer de nouveaux combats. Mais si la manœuvre d'Eylau n'avait pas donné de résultat décisif, il faut en attribuer la cause à la fatalité, et non à Napoléon comme pour Pultusk, comme plus tard pour Landshut.

La lettre que l'Empereur avait envoyée à Bernadotte et dans laquelle il lui exposait le plan de sa manœuvre, était tombée dans les mains des Russes; l'ennemi, averti, avait pu se retirer à temps pour ne pas être coupé.

Si cette campagne n'est pas parfaite dans son exécution, elle n'en est pas moins l'une des plus belles de Napoléon comme conception.

Au début, quand son infanterie occupe les ponts de l'Oder

à Stettin, Kustrin, Francfort, il lance sa cavalerie jusqu'à la Vistule, jusqu'à Posen, pour avoir le temps de concentrer toute son armée sur l'Oder, en y portant la masse qui opère contre Blücher.

Quand il apprend que les derniers débris de l'armée prussienne vont se rendre, que les Russes n'étaient pas encore le 30 octobre à Varsovie, il donne l'ordre à ses trois corps d'armée de se réunir à Posen, Schneidemühl, Driesen; il prévoit la manœuvre à exécuter s'ils sont attaqués par les Russes.

Quand il porte son armée sur la Vistule, il envisage toutes les éventualités : retraite des Russes, offensive des Russes, soit sur Varsovie, soit sur la basse Vistule, soit enfin contre Thorn (avant ou après le passage de la Narew par son armée de droite), immobilité des Russes : dans cette dernière hypothèse, il conçoit la manœuvre de Pultusk.

Quand il prend ses quartiers d'hiver, il dispose ses forces de manière à s'assurer toute liberté de manœuvre; il appuie son armée sur des têtes de pont auxquelles il donne un rôle essentiellement offensif.

Quand, enfin, l'ennemi prend l'offensive, fin janvier, l'Empereur exécute le plan qu'il a conçu le 25 novembre, à son départ de Berlin; il ploie rapidement son armée sur sa gauche, prêt à tomber sur le flanc gauche de l'ennemi, soit qu'il se porte sur Thorn, soit qu'il continue son mouvement vers la basse Vistule.

Napoléon donne une preuve éclatante de son génie, non seulement dans la conception de ces différents plans de manœuvres, mais encore dans la facilité et l'adresse avec lesquelles il sait changer de ligne d'opérations, et dans l'emploi judicieux de sa cavalerie, qu'il répartit ou groupe suivant les circonstances de la guerre.

Nous pouvons donc dire que, malgré l'issue indécise d'Eylau, le Napoléon de 1807 était encore le Napoléon d'Iéna.

II

D'EYLAU A FRIEDLAND

Jamais, dans aucune de ses campagnes, la Grande Armée n'avait eu à souffrir des privations aussi grandes; jamais elle n'avait eu à faire des efforts aussi surhumains, et, pour la première fois, la victoire décisive lui échappait. « Depuis deux mois, officiers d'état-major, colonels, officiers, ne se sont pas déshabillés, et quelques-uns depuis quatre (l'Empereur lui-même a été quinze jours sans ôter ses bottes), au milieu de la neige et de la boue, sans vin, sans eau-de-vie, sans pain, mangeant des pommes de terre et de la viande, faisant de longues marches et contremarches, sans aucune espèce de douceurs et se battant à la baïonnette et sous la mitraille; très souvent les blessés obligés de s'évacuer en traîneau, en plein air, pendant cinquante lieues. » (Lettre de Napoléon au roi de Naples, du 1er mars 1807.) Le soir d'Eylau, la Grande Armée était complètement épuisée, incapable de faire un nouvel effort. L'Empereur, qui, pour la première fois, ne terminait pas une campagne par un succès foudroyant, « était bien fatigué ». (Lettre de Napoléon à l'Impératrice, du 9 février 1807.) Il devra attendre la bonne saison pour obtenir un autre Austerlitz, un autre Iéna. D'ici là, Napoléon fera tous ses efforts pour accroître ses forces.

Une puissante armée dirigée par une pensée féconde en

savantes combinaisons stratégiques remportera un succès certain et décisif.

Nous étudierons d'abord par quels moyens Napoléon renforça la Grande Armée, pour nous consacrer ensuite aux opérations militaires.

RENFORCEMENT DE LA GRANDE ARMÉE

Pour réparer les forces de la Grande Armée, Napoléon fit exécuter à toute l'armée française, depuis l'Espagne et l'Italie, jusqu'à la Vistule, un grand mouvement de gauche à droite. Il fit appel, en France, à Dejean; en Italie, au prince Eugène; en Hollande, au roi de Hollande; en Allemagne, à Jérôme (Silésie), à Kellermann (Mayence), à Clarke (Berlin), à Lagrange (Cassel), à Mortier (corps d'observation du nord de l'Allemagne).

Des régiments polonais furent levés.

L'Espagne elle-même dut fournir jusqu'à 15.000 hommes.

Le 20 février, l'Empereur demande à Mortier trois régiments. Brune, qui reçoit 3.000 Hollandais venant de Cassel, peut lui passer mille hommes. Un régiment parti en poste de Paris, un autre qui doit être arrivé à Mayence, seront affectés à Mortier.

Le 25, le roi de Hollande reçoit ordre de renforcer son corps de Hambourg, pour remplacer les hommes envoyés à Mortier.

« Si les Hessois n'étaient pas tranquilles, mande Napoléon à Lagrange, vous seriez bientôt renforcé par la grande quantité de conscrits que réunit le maréchal Kellermann. »

Le même jour, il écrit à Jérôme :

« Je vous ai mandé de m'envoyer la moitié des troupes bavaroises et de les diriger sur Varsovie; avec la division bavaroise qui vous reste, tenez-vous prêt à vous porter sur Posen... Vous vous réunirez au corps de réserve. Faites diriger le plus de cartouches et de coups de canon que vous pourrez sur Thorn. »

L'Empereur fait venir de France et d'Italie tous les régiments qui ne sont pas indispensables à leur défense. Puis il ordonne d'envoyer à la Grande Armée la conscription de 1807, qui avait été levée en novembre 1806. Dans ce but, le 24 février, Napoléon fait appel à Kellermann. « J'ai besoin de troupes. »

Kellermann était chargé, à Mayence, d'organiser des régiments provisoires. De mars à juin, il forma douze régiments d'infanterie, numérotés de 9 à 20; les 1er, 2e, 3e, 4e régiments provisoires étaient déjà à Berlin au moment d'Eylau, et, à la fin de février, les 3e, 6e, 7e et 8e régiments venaient d'être formés à Mayence.

Aussitôt que quatre régiments étaient organisés, Kellermann passait aux quatre suivants.

Dès que les bataillons qui se trouvaient en France avaient plus de 600 hommes, chaque corps fournissait une compagnie de 180 hommes, qui était dirigée sur Mayence.

Si des corps ne pouvaient fournir que 100 à 120 hommes, il fallait que cela soit compensé par d'autres qui en fournissaient 240 à 300.

Lorsque les régiments arrivaient à la Grande Armée, ils étaient dissous, et les détachements étaient envoyés à leurs corps.

Au moyen de ces vingt régiments français, Napoléon compte renforcer la Grande Armée de 50.000 hommes (lettre de Napoléon à Clarke, du 19 mars 1807). Mais ces régiments étant composés d'hommes non instruits, Napoléon avouait qu'ils étaient de peu de secours (lettre de Napoléon à Clarke, du 16 avril).

Napoléon eut de grandes difficultés pour remonter ses nouvelles formations de cavalerie. Malgré l'ordre formel qu'il avait donné, on envoya en Allemagne des cavaliers non montés. Bourcier, qui commandait le dépôt de Pots-

dam, fut chargé de remonter la plupart au moyen de chevaux, fournis par le Mecklembourg et le Hanovre. Jérôme,
en Silésie, dut aussi remonter des cavaliers qui lui furent
envoyés.

Napoléon appelait à la Grande Armée les hommes et les
officiers restés à l'intérieur de l'Empire et qui n'étaient pas
absolument indispensables à sa défense (lettre du 1er mars
à Clarke, du 15 mars à Daru).

Napoléon prenait des mesures pour faire rentrer les
traînards (lettre du 6 mars à Duroc) et rejoindre les ma-
lades aussitôt après leur guérison (lettre du 19 mars à Berthier).

L'Empereur donne l'ordre, le 30 mars, de faire venir d'Italie les divisions Boudet et Molitor (quatorze bataillons)
pour former un corps d'observation en deuxième ligne
derrière Brune (Hambourg) et Mortier (Stralsund), qui sont
destinés à tenir en échec les Suédois et les Anglais. Toute
cette armée d'Allemagne s'appuiera sur les places fortes
de Hameln, Magdeburg, Stettin, Spandau, Kustrin, où
seront envoyés des bataillons provisoires.

Napoléon songe à appeler à la Grande Armée dans les
premiers jours de juin les 3e bataillons qui sont aux camps
de Boulogne, Saint-Lô, Pontivy et dans la Vendée; ce
sera un renfort de 25.000 hommes. Pour remplacer en
France et en Italie tous ces hommes et ceux qu'il a appelés
depuis février, Napoléon envoie à Lacuée, le 19 mars, un
sénatus-consulte et un projet de décret pour lever 80.000
hommes de la conscription de 1808; 20.000 hommes seront
affectés à l'Italie, 24.000 aux 3e bataillons et 36.000 formeront 5 légions de réserve à six bataillons.

Aucun homme de la conscription de 1808 ne sera envoyé
à la Grande Armée, ni hors des frontières d'Italie avant le
mois de janvier (lettre de Napoléon à Dejean du 30 mai).

En organisant une armée aussi puissante, Napoléon
n'avait pas seulement en vue le renforcement de la Grande

Armée et la défense propre de son Empire; il voulait faire face à l'Autriche, dans le cas où cette puissance se déclarerait contre lui. A cet effet, l'Empereur comptait disposer en juin d'une armée de 72.000 hommes en Italie et d'une armée de 100.000 hommes en Silésie et Galicie.

L'armée de 72.000 hommes en Italie serait formée de 60.000 hommes en garnison en Italie (corps de Marmont compris) et de 12.000 hommes pris dans le midi de la France (lettre de Napoléon à Eugène, du 6 mai 1807).

L'armée de 100.000 hommes serait constituée par les 60.000 hommes du corps d'observation de Brune, 20.000 Polonais et 20.000 hommes qui opéraient en Silésie.

OPÉRATIONS DE LA GRANDE ARMÉE

Dès le lendemain d'Eylau, l'Empereur songe à se retirer pour prendre ses quartiers d'hiver, à l'abri des Cosaques.

Le 9 février, il écrit à Duroc : « Il deviendra bientôt nécessaire que le quartier général se réunisse à Thorn..... Il est possible que je me porte à la rive gauche de la Vistule. »

Pour affirmer sa victoire, Napoléon restera du 8 au 16 février près d'Eylau et dispose son armée de la façon indiquée sur le croquis.

L'armée est protégée en avant par la cavalerie, trois corps forment la couverture, un corps sur chacune des deux routes qui conduisent à Kœnigsberg, un corps sur la route de Friedland. La masse de manœuvre est constituée par les 4e et 7e corps et par la Garde. De la ligne Kreutzburg-Mulhausen à Eylau, il y a 13 kilomètres; la Grande Armée peut donc être rassemblée en trois heures.

Le 10e corps, qui était parti de Thorn le 6 février et qui se dirigeait sur Marienburg, reçut l'ordre de se rendre à Osterode pour protéger les derrières de l'armée et la lier avec le 5e corps.

Savary, prévenu de l'offensive d'Essen contre Ostrolenka, portait la plus grande partie du 5e corps à Ostrolenka et repoussait les Russes le 16 février.

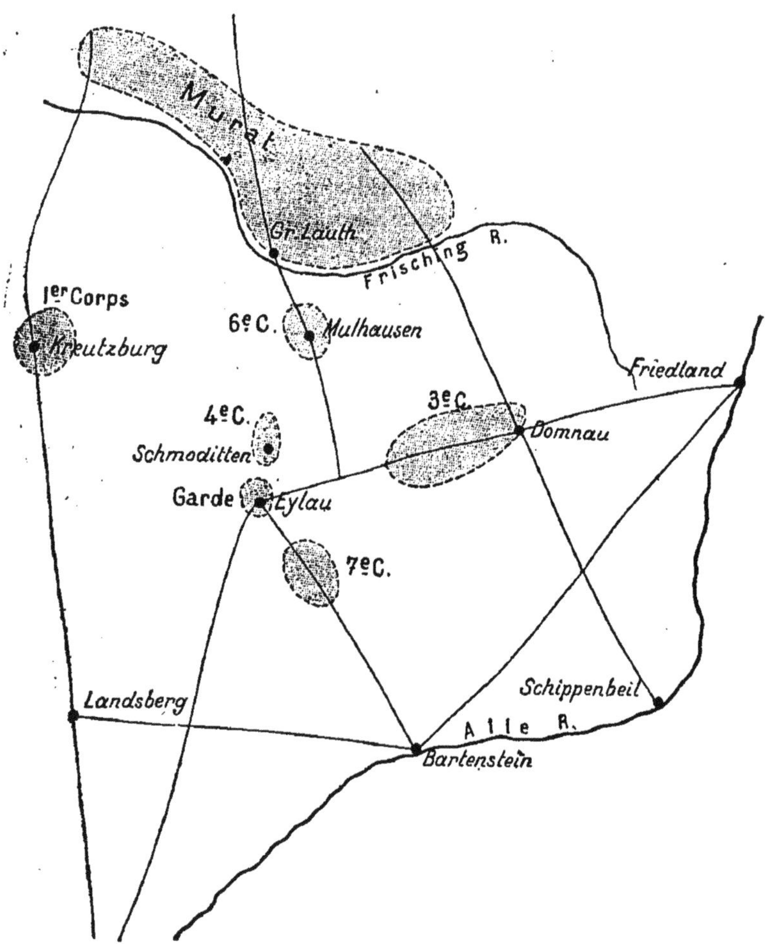

Le 10 février, Murat écrivait de Gross-Lauth à Napoléon : « Tout le monde assure que l'armée russe a gagné Waldau » (à l'est de Kœnigsberg).

Le 11 février, Davout mandait de Domnau : « Ce matin, suivant tous les rapports, le corps du général Lestocq, à l'exception de la cavalerie, était parti de Friedland et s'était dirigé sur Allenburg. »

L'ennemi paraît donc abandonner toute idée d'offensive; l'Empereur ne songe plus alors à se retirer jusque sur la rive gauche de la Vistule.

Le 12 février, Napoléon annonce à Daru que la ligne de communication de l'armée passera par Thorn : « Mon intention, lui écrit-il, étant de mettre mon armée en quartiers et de la disposer de la manière suivante : un corps à Bromberg, un autre à Liebstadt, un autre à Elbing, un autre à Osterode, la cavalerie sera en colonne depuis Thorn jusqu'à Osterode. Le 10ᵉ corps assiégera Danzig et Graudenz. Le grand quartier général sera à Thorn. Un corps occupera Varsovie, Pultusk, Sierock..... Par ce moyen, les communications de mon armée, depuis Magdeburg jusqu'à Bromberg, se feront par des canaux. » En dispersant ainsi la Grande Armée, Napoléon ne songeait pas que les Russes reprendraient l'offensive, pendant la mauvaise saison. Il voulait surtout que la Grande Armée puisse se nourrir facilement. D'ailleurs, il ne devait pas donner suite à ce projet; le jour même où il écrivait ses intentions à Daru, il donnait « ordre de faire reconnaître par des officiers du génie la rivière de la Passarge depuis les lacs de Hohenstein jusqu'à la mer; reconnaître un emplacement pour jeter un pont du côté de Marienwerder et de choisir le local où l'on puisse établir une bonne tête de pont. Reconnaître le pays de Marienwerder jusqu'à la mer. » Nous verrons plus loin pourquoi il était important que Napoléon ait un pont à Marienwerder. « Mon intention, écrit-il à Berthier est de pousser vigoureusement *le siège de Danzig*, et il est surtout très important d'achever les fortifications *de Thorn, de Sierock, de Praga et de Modlin.* »

Napoléon choisit la position d'Osterode pour rallier son armée.

Le 17, Napoléon écrit à Duroc : « L'armée va se trouver ralliée *à peu près* sur la position centrale d'Osterode; elle est éloignée de trente lieues de Pultusk et d'autant de l'embouchure de la Vistule. » L'Empereur dit *à peu près ralliée*, car il ne peut concentrer toute son armée sur Osterode. Il est forcé de la disperser pour qu'elle puisse vivre, mais il disposera ses corps de façon à s'assurer une zone de manœuvres stratégique et par suite la possibilité de rallier toutes ses forces sur Osterode, en cas d'attaque.

La position centrale d'Osterode avait l'avantage de couvrir Varsovie, Thorn et Danzig, et par conséquent toute la Vistule de Varsovie à Danzig. Cette position couvrait indirectement Varsovie et Danzig, directement Thorn.

Une armée russe qui, se dirigeant sur Danzig, aurait traversé la Passarge, ne pourrait continuer son mouvement sans courir le danger d'être attaquée sur son flanc par la Grande Armée et par suite jetée dans le Frische Haff et la Vistule.

De même une armée russe qui se dirigerait de Kœnigsberg vers Willemberg serait prise en flanc par la Grande armée et jetée dans les marais qui s'étendent de Johannisburg à Angerburg.

Dans ce dernier cas, la Grande Armée, concentrée à Osterode, prendrait sa ligne d'opérations sur Marienwerder; aussi est-il important que Thorn soit fortifié pour être à l'abri des partis ennemis (lettre du 12 février à Berthier).

Si l'armée russe descend la rive droite de la Narew, le 5e corps défendra l'Omulew, l'Orzyc, rivières perpendiculaires à la direction de marche de l'armée ennemie et toute la Grande Armée, arrivant d'Osterode, tombera dans son flanc droit.

Si l'ennemi se porte sur la rive droite ou la rive gauche du Bug, le 5e corps, appuyé sur Pultusk, Sierock, Modlin, Praga résistera, et toute la Grande Armée, arrivant d'Osterode, débouchera dans le flanc de l'ennemi. Aussi il est très important que les points d'appui du 5e corps soient rapidement et solidement fortifiés (lettre du 12 février à Berthier). Napoléon envisagera de nouveau ce dernier cas dans une lettre à Berthier du 16 mars 1812; il entrevoit alors l'hypothèse où les Russes se porteraient sur Varsovie avant qu'il n'ait le temps d'exécuter son déploiement stratégique sur la Vistule. Les 5e, 7e et 8e corps devront défendre Varsovie; le 1er corps, devenant l'avant-garde de la Grande Armée, se dirigera sur Osterode, dans le flanc des Russes. Il sera suivi immédiatement des 2e, 3e et 4e corps qui déboucheront de Thorn venant de Krosen, de Berlin, de Kustrin et de Glogau. Les Russes, maintenus en tête par 80.000 hommes, seront pris en flanc par 250.000 hommes.

Revenons à 1807.

La Grande Armée se dirige sur ses cantonnements.

Le 16 février, la Grande Armée se met en mouvement pour se diriger vers ses cantonnements; le 6e corps forme l'arrière-garde.

Le 19, la Grande Armée occupe la position indiquée sur le croquis; ses différents corps se trouvent aux sommets d'un trapèze dont trois côtés ont 14 kilomètres et un 20 kilomètres, les diagonales 20 kilomètres; elle peut donc être rapidement rassemblée en un point quelconque de ce trapèze.

Comme on pouvait craindre une nouvelle attaque des Russes, la Grande Armée avait marché concentrée. « Depuis

la bataille d'Eylau, l'ennemi s'est rallié derrière la Pregel »
(60e bulletin de la Grande Armée, 17 février).

Dans ce bulletin, l'Empereur met sur le compte du dégel
l'impossibilité où il est d'attaquer les Russes : « On concevait
l'espoir de le forcer dans cette position, si la rivière fut restée gelée; mais le dégel continue, et cette rivière est une
barrière au delà de laquelle l'armée française n'a pas inté-
rêt de la jeter. »

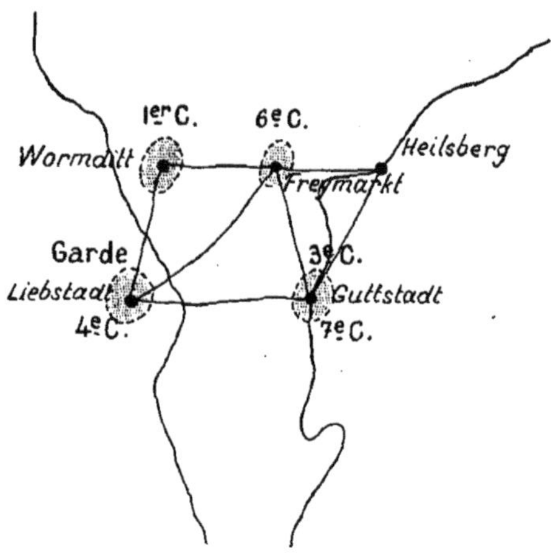

Le 19, Napoléon envoie la lettre suivante à Berthier :

« Donnez l'ordre que tous les constructeurs de fours de
l'armée se rendent *sans délai* à Osterode pour y construire
dix fours. On choisira des emplacements pour des magasins
capables de contenir de la farine pour un millier de rations
de pain et 50.000 rations de biscuit. »

Osterode, comme l'a été Bamberg en 1806, comme le sera
Donauwerth en 1809, est appelé à devenir le point central
de l'armée. Napoléon veut y avoir le plus tôt possible toutes
les subsistances dont a besoin son armée, autrement dit les
vivres de concentration.

« Donnez l'ordre de faire construire *sans délai* deux ponts
sur la Vistule; le 1er à Marienburg, l'autre près de Marienwerder. »

L'établissement de ces deux ponts était d'une grande importance pour l'Empereur, en cas d'attaque de l'ennemi soit sur Varsovie, soit sur le front Allenstein-Hohenstein, soit sur Guttstadt. Dans le premier cas, Napoléon abandonnera sa ligne d'opérations par Thorn, il la prendra par Marienwerder et se portera sur le flanc de l'ennemi. Dans le deuxième cas, il prendra sa ligne de communications par Marienwerder et livrera bataille près d'Osterode. Dans le troisième cas, il prendra sa ligne d'opérations par Marienburg, et tandis qu'un de ses corps de couverture reculera de position en position vers Osterode, il débouchera avec une masse de manœuvre de la basse Passarge sur les derrières de l'ennemi, lui coupant la retraite sur Kœnigsberg.

Revenons à la lettre adressée à Berthier :

« Donnez l'ordre au général du génie Kirgener de se rendre à Thorn pour y reconnaître les travaux à faire pour fortifier cette ville et la tête de pont sur la Vistule, et donner à ces travaux la direction et l'activité convenables. » Dans le cas où Napoléon prendrait sa ligne d'opérations sur la basse Vistule, et que, par suite, son armée ferait face à l'Est, Thorn devra être à l'abri d'un parti ennemi.

« Faites faire trois reconnaissances :

« 1° De tous les lacs et rivières qui environnent Osterode et lient la position de Hohenstein avec Saalfeld et Deutsch-Eylau. »

Dans le cas où l'ennemi attaquerait un corps de couverture à Hohenstein, Napoléon peut n'avoir pas tout le temps nécessaire pour réunir à Osterode toute son armée. Prenant alors sa ligne d'opérations par Marienwerder, il résistera de position en position jusqu'à ce que les corps qui seront sur la basse Passarge, devenant masse de manœuvre, déboucheront sur le flanc droit de l'ennemi.

« 2° Celle de la rivière la Passarge, depuis sa source jusqu'à la mer.

» 3° Celle de l'Alle depuis Guttstadt jusqu'à Neidenburg.

» On fera connaître en quoi cette ligne peut être bonne *pour couvrir la ligne de cantonnement.* »

L'Empereur indique ici son intention de placer ses corps de couverture sur cette ligne.

Le même jour, 19 février, Napoléon écrit à Duroc :

« Jusqu'à cette heure, l'ennemi n'a point bougé de Kœnigsberg..... L'armée entre en quartiers d'hiver derrière la Passarge. Mon quartier général sera établi à Osterode On peut considérer la campagne comme finie. »

Ordre pour la prise des cantonnements.

Le lendemain 20, Napoléon donne ses ordres pour la prise des cantonnements définitifs. Les corps de la Grande Armée occupent les emplacements indiqués sur le croquis. Ce jour là, Lefebvre établissait son quartier général à Subkau, sur la rive gauche de la Vistule. Le 7ᵉ corps était dissous et ses régiments étaient répartis dans les autres corps.

La Grande Armée présente quatre corps de couverture et une masse de manœuvre, constituée par la Garde, Oudinot, et les trois divisions de cuirassiers. Ou cette masse de manœuvre servira de centre de ralliement aux corps de couverture, ou elle renforcera certains d'entre eux, pendant que les autres agiront comme couverture de manœuvre.

Des corps de première ligne, seul le 4ᵉ corps ne reçoit pas de division de dragons, mais Napoléon lui en enverra une le 26 février. Sahuc est détaché au 1ᵉʳ corps, Grouchy au 6ᵉ corps, Milhaud au 3ᵉ corps, le comte de Mons restait au 5ᵉ corps.

L'Empereur applique ici le même principe que lors de la prise des cantonnements de la Grande Armée, le 1ᵉʳ janvier 1807. Il avait alors affecté une division de dragons à chacun des corps de première ligne.

Il y a 25 kilomètres d'Osterode à Hohenstein, 40 d'Osterode à Guttstadt et 40 d'Osterode à Wormditt, 80 d'Osterode
à Braunsberg. En un jour et demi au plus, toute l'armée,
sauf le 1er corps, peut être concentrée à Osterode « ce qui,
dans un terrain préparé, donne encore deux jours au 1er corps
pour arriver ». Napoléon met cette pensée en lumière au
sujet d'un projet de cantonnement qu'il fait pour la Grande

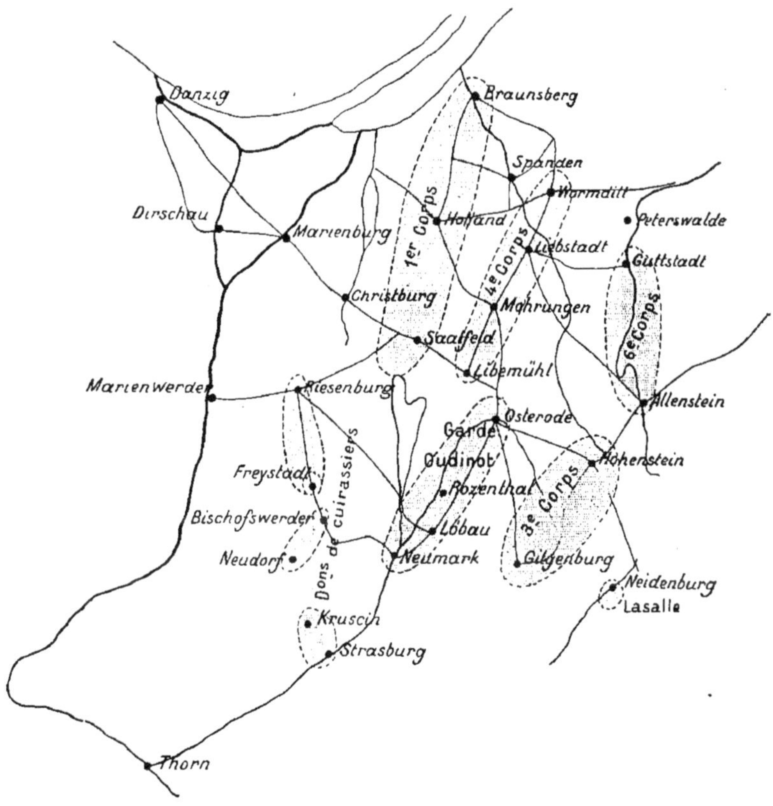

Armée, le 17 juin 1807, après Friedland. « Quand le général
commandant le corps d'avant-garde, dit-il, s'apercevrait
que l'ennemi veut commencer une nouvelle campagne, il se
reploierait sur son troisième camp où, dans un jour, quatre
corps d'armée se trouveraient réunis, ce qui, dans un terrain

préparé, donne encore deux jours à la réserve et à tous les cuirassiers pour arriver. »

Revenons à l'ordre du 20 février.

Les fractions les plus éloignées du 1er corps (Braunsberg) sont à 80 kilomètres d'Osterode; le 1er corps mettra donc trois jours pour rallier la Grande Armée; il arrivera donc à temps. En l'attendant, le gros de la Grande Armée battra en retraite de position en position sur un terrain que Napoléon a fait reconnaître. (Voir précédemment les reconnaissances que Berthier a ordonnées d'après la lettre de Napoléon du 19 février.)

Offensive des Russes.

Alors que, le 19, l'Empereur dit à Duroc : « on peut considérer la campagne comme finie » (voir plus haut), le 26, il lui écrit : « Il paraîtrait que l'ennemi s'avance, l'engagement aurait lieu dans deux ou trois jours. Ce matin, à Peterswalde, à trois lieues en avant de Guttstadt, on a pris un général-major, baron Korff, et trois bataillons russes. *Ma plus grande inquiétude* est pour les subsistances. »

La question des subsistances inquiétait vivement l'Empereur; il s'en plaindra constamment pendant les cantonnements de la Grande Armée. Cette question était, en effet, de la plus haute importance. Le manque de vivres pouvait lui enlever toute liberté d'action : l'Empereur serait peut être forcé de se retirer sur la rive gauche de la Vistule; il couvrirait alors difficilement Danzig, Thorn et Varsovie. Il serait peut-être obligé d'étendre les cantonnements de la Grande Armée; il risquerait alors de ne pas pouvoir faire face à l'ennemi en temps voulu. Il ne pourrait pas réunir sur Osterode toute son armée comme il le désire. Il lui serait impossible de porter en avant soit une partie de ses forces, soit toutes ses forces pour parer à une offensive russe, soit sur sa droite, soit sur Varsovie. L'Empereur emploiera donc toute son activité et son énergie à réunir les vivres nécessaires à la Grande Armée, d'abord pour vivre dans ses cantonnements, ensuite pour se porter en avant. Il aura alors retrouvé toute sa liberté d'action.

Revenons à la lettre adressée à Duroc :

« Que Masséna empêche surtout les divisions d'Essen, de Muller et la troisième, qui est actuellement du côté de Johannisburg, de se réunir à l'armée ennemie. »

Masséna devra donc retenir ces divisions russes en les inquiétant. Sans quoi, d'une part l'armée ennemie sera renforcée, d'autre part le 5e corps, dont Masséna vient de prendre le commandement, ne sera d'aucune utilité pour la Grande Armée.

« Je désire que tous les jours on m'expédie un courrier par cette route » (la ligne de la Wkra); c'était la route la plus courte, mais la plus exposée, de Varsovie à Osterode.

Napoléon a besoin d'être averti le plus rapidement possible de tous les mouvements de l'ennemi contre le 5e corps pour exécuter la manœuvre qu'il a prévue dans ce cas et dont nous avons parlé plus haut.

« On peut aussi pour des nouvelles importantes qu'on aurait à faire passer, faire des cachettes, telles que la semelle des souliers ou autres, afin que, le courrier arrêté, la dépêche ne fut pas trouvée. »

Le moyen est ingénieux, mais l'Empereur entre ici dans des détails dans lesquels un commandant d'armée n'a pas à entrer.

Le même jour, 26, Napoléon écrit à Rapp.

« L'ennemi manœuvre comme s'il voulait avancer. Je suis résolu à lui livrer bataille ici (Osterode). La seule chose qui me donne un peu de sollicitude, ce sont les subsistances ; procurez-nous en autant que vous pourrez. »

L'Empereur envoie, à 5 heures du soir, la lettre suivante à Soult. « Notre position ici sera belle lorsque nos vivres

seront bien assurés..... J'espère que, dans quatre ou cinq
jours, nous serons dans une situation supportable et que,
si nous devions nous réunir sur le beau plateau d'Osterode,
nous aurons des vivres. » La question des vivres prime
tout. Napoléon espère que des corps de couverture met-
tront quatre ou cinq jours pour se retirer de leur position
et atteindre Osterode en combattant.

« L'ennemi a fait des mouvements à peu près pareils aux
nôtres, du côté du Guttstadt. Voici ce que je sais des mouvements de l'ennemi : les Prussiens étaient à la gauche du côté
de Heilsberg ; ils se portent devant vous pour gagner
Braunsberg et reprendre la droite. Vous voyez combien ce
mouvement est faux, et comme, si nous avions du pain et de
l'eau-de-vie, ils pourraient s'en repentir. » Le 4e corps
n'avait qu'à se porter sur Wormditt-Mehlsack pour prendre
en queue et en flanc les Prussiens contenus en tête à Braunsberg par le 1er corps. Mais, pour cela, il était de toute importance que le 1er corps occupe Braunsberg et y organise une
tête de pont. Ce corps venait de recevoir l'ordre de s'en empa-
rer, ce qui donna lieu à un combat entre la division Dupont
et les Prussiens, combat qui se termina à notre avantage.

« Je ne pense pas que l'ennemi puisse mettre en bataille,
cavalerie et infanterie prussiennes et russes, plus de 55.000
hommes. Je puis, en un jour et demi, en réunir plus de
90.000. » Napoléon réunira la Garde ; Oudinot, la réserve de
cavalerie, les 3e, 4e et 6e corps.

Napoléon ne croit pas à une offensise générale des Russes
et des Prussiens.

A 11 h. 1/2, il écrit à Soult : « J'ai peine à penser que,
par l'horrible temps qu'il fait, l'ennemi veuille engager une
affaire avec nous, ce serait un étrange aveuglement.....

» Il ne faut quitter les cantonnements que quand il pa-
raîtra en force et que la prudence le prescrira. S'il ne vous
présente que des forces inférieures, culbutez-le, et que, par
votre contenance, l'ennemi soit prévenu que nous ne vou-

lons point abandonner la position et que nous sommes bien décidés à la défendre. Pour passer une rivière et attaquer une ligne, il faut que l'ennemi démasque ses forces. » Ney et Bernadotte recevaient les mêmes instructions. La résistance des corps de couverture orientera le commandement sur les intentions de l'ennemi. Elle obligera l'ennemi à se déployer, à montrer ses forces, surtout lorsque celui-ci aura à passer une rivière et à attaquer une ligne; elle permettra de déterminer l'endroit où se trouve le centre de gravité des forces ennemies, par la connaissance du point où l'attaque de l'ennemi a été la plus persévérante et la plus intense.

« On a toujours dû s'attendre que, même en supposant que l'ennemi n'ait pas l'intention de livrer une bataille, il serait disposé à tâter notre résolution et à s'établir, s'il le pouvait, sur la rive droite de la Vistule. » Si les corps de couverture repoussent facilement l'ennemi, c'est que celui-ci n'aura eu que ce projet. Si les corps de couverture ne peuvent pas résister à l'attaque de l'ennemi, c'est ce que celui-ci aura l'intention de livrer bataille. Napoléon concentrera alors 95.000 hommes à Osterode; il ne prendra cette décision qu'en connaissance de cause.

Le 27 février, Napoléon écrit les lettres suivantes :

1° Lettre à Lefebvre :

« J'attends que vous me fassiez connaître que vous approchez de Danzig, et qu'un pont est établi sur le bas de la Vistule, pour porter mon quartier général à Elbing. »

Napoléon voudrait pouvoir prendre sa ligne de communication par Marienburg.

2° Lettre à Soult, envoyée à 3 heures :

« Il est possible que l'ordre que j'ai envoyé au maréchal Ney d'occuper Guttstadt ne lui arrive pas à temps, et qu'il ait évacué ce poste important. » Guttstadt pouvait devenir le pivot d'un grand mouvement tournant, dont l'aile marchante partirait de Braunsberg; aussi Napoléon s'attachera-t-il à conserver la possession de ces deux points.

« Dans ce cas, je lui donne ordre de se porter demain à Detterswald et à Alt-Ramten, pour être à même de soutenir Deppen, et de se porter à Mohrungen ou à Liebstadt. » Il est de la plus haute importance que Ney retarde le plus longtemps possible l'ennemi, pour que Napoléon ait le temps, soit de faire venir à Osterode tous ses corps, soit de déboucher avec une masse de manœuvre de Braunsberg.

« Dans la journée de demain, je réunis ici le corps de Davout, la division Oudinot et ma Garde, et je mets en mouvement les trois divisions de cuirassiers. » Ou cette masse servira de centre de ralliement à toute la Grande Armée, ou bien elle sera dirigée par Napoléon, au point qu'il jugera convenable. Cet endroit sera sans doute la droite de l'ennemi. « Si l'ennemi s'était dirigé sur l'Alle, il serait possible que je me résolusse à faire quelques opérations sur sa droite. » Mais « jusqu'à cette heure, rien ne prouve que l'armée ennemie ait marché en masse. Elle paraît n'avoir encore agi sur nous que par des arrière-gardes, et dans ce cas, elle aurait voulu nous tâter ».

3° A 4 h. 1/2, Napoléon écrit de nouveau à Soult, pour lui dire de tâcher « d'enlever demain un bataillon, faire des prisonniers, et avoir des nouvelles positives de ce qu'il y a à Mehlsack ».

Si l'ennemi veut simplement tâter la Grande Armée, de semblables expéditions le rendront plus circonspect. Elles permettront de faire des prisonniers. Napoléon a toujours conseillé beaucoup ce moyen pour avoir des renseignements sur l'ennemi.

4° Lettre à Bernadotte :

« Si, par des raisons quelconques, Braunsberg avait été évacué, mon intention est de le reprendre. » Braunsberg se trouve sur la route de Kœnigsberg à Danzig. Pour couvrir le siège de cette dernière place, il est important d'en être le maître. On a vu que Napoléon déboucherait peut-être de ce point pour tomber sur la droite de l'ennemi. De plus, cette ville peut constituer, pour le 1er corps, une excellente tête de pont sur la Passarge.

5° Lettre à Berthier :

« Il est nécessaire que le pont de Marienwerder soit construit avant le 2 mars. »

Le lendemain 28, Napoléon lui ordonnait de « préparer un travail qui établisse la route de l'armée par Osterode, Marienburg, Dirschau, Neu-Stettin et Stettin et une autre de Dirschau par Bromberg et Varsovie ».

L'Empereur entrevoit de plus en plus l'exécution de son projet de tourner la droite de l'ennemi. Il met en lumière cette idée dans une lettre écrite à 6 heures du soir à Bernadotte :

« Il paraît que l'ennemi fait des mouvements très loin sur notre droite..... La composition de ce corps (général Tolstoï)..... ferait supposer que l'ennemi pense que nous nous retirions sur Varsovie. Je pense que vous pouvez placer une division entière à Mulhausen, car il faut soutenir le général Dupont. Nous irons par Elbing, et la route de l'armée va *incessamment* passer par Marienburg, Dirschau, Neu-Stettin et Stettin. Une fois qu'elle sera établie, l'ennemi se *trouvera déjoué*. *Mon intention* est de déboucher par Braunsberg, où se trouve le général Dupont, si l'ennemi s'étendait trop sur notre droite. »

Napoléon exécutera un mouvement tournant, ayant un pivot de manœuvre sur sa droite vers Guttstadt, et une masse de manœuvre vers sa gauche débouchant de Braunsberg. Au début de 1812, il comptera réaliser cette manœuvre sur une plus vaste échelle, dans le cas où l'ennemi se portera sur Varsovie (1).

Pour qu'en 1807 l'enveloppement stratégique réussisse,

---

(1) Voir la Manœuvre de Wilna, de M. le général Bonnal.

il faut que les Russes se portent sur la droite de Napoléon. Comme la Grande Armée a sa ligne de communication par Thorn, ils vont sans doute chercher à la couper; mais Napoléon en changera et la prendra par Marienburg; ils se trouveront déjoués.

Napoléon, au début de 1806, avait prévu une manœuvre semblable (1). Dans une lettre du 29 septembre, au roi de Hollande, il entrevoit le cas où les Prusssiens, croyant qu'il a sa ligne de communication par Mayence, chercheront à déborder sa gauche; dans cette hypothèse, il prendra sa ligne de communication par Ulm, Nuremberg, Forchheim, se portera sur le flanc gauche des Prussiens et les acculera au Rhin.

Revenons à la lettre envoyée à Bernadotte. « Lorsque cette communication (par Marienburg) sera établie, je compte placer le maréchal Davout à Holland et le charger de garder les ponts de Spanden et d'Alken. La queue de votre corps pourrait se placer à Mulhausen. Une division de cuirassiers de la réserve sera prête à Elbing pour vous soutenir. Vivant par Elbing, par Marienwerder, même par la rive gauche de la Vistule, je me trouverai dans une position à reposer mes troupes et à pouvoir, en vingt-quatre heures, saisir la première bévue que fera l'ennemi pour le détruire. » La Grande Armée sera prête à bondir sur l'ennemi; elle sortira de ses cantonnements quand celui-ci découvrira sa ligne d'opérations sur Kœnigsberg, comme à la fin de janvier.

« Si Braunsberg est susceptible de quelques fortifications, c'est le cas de remuer de la terre. Faites faire la reconnaissance depuis Braunsberg jusqu'au pont d'Alken..... Faites faire même quelques fours et ramassez du blé et de la farine. Mais comme, pour tous ces objets, il faut encore trois ou quatre jours, si nous étions attaqués en grande

---

(1) Voir la Manœuvre d'Iéna, de M. le général Bonnal.

force d'ici à ce temps, il faudrait toujours se rassembler, selon la première instruction, à *Osterode*. » Napoléon ne peut prendre l'offensive par Braunsberg que lorsqu'il aura fait reconnaître le terrain près de ce point, qu'il sera assuré d'avoir des vivres et qu'il pourra prendre sa ligne de communication par Marienburg.

A 6 heures du soir, Napoléon écrivait à Soult : « Je vais diriger la division Espagne sur Mohrungen, afin qu'elle soit à portée, avec la division Klein, de faire un coup d'éclat..... Bien entendu que mon intention est qu'elle ne fasse aucun service et qu'elle reste très en arrière..... Je vous recommande de ne faire faire aucun service aux dragons de la division Klein..... Ce sont les divisions de réserve qui ne doivent être employées que pour agir. » Napoléon, qui a déjà réparti ses divisions de dragons entre les corps de couverture, envoie une division de cuirassiers au 4e corps et une au 1er corps. Toutes ces divisions ne doivent pas être employées ni au service de sûreté, ni au service d'exploration; mais simplement comme cavalerie de bataille.

» Mon intention est d'occuper Guttstadt comme avantpostes, et la ligne d'Elditten à Guttstadt, bordée d'infanterie et de cavalerie, comme tête de cantonnement; de garder la rive droite de l'Alle depuis Guttstadt jusqu'à Allenstein pour mon flanc droit, et d'occuper Allenstein comme arrière-garde.

» Le maréchal Ney établira son quartier général entre Deppen et Guttstadt, sans attacher d'importance à tout ce que l'ennemi pourra faire sur ma droite. La retraite du maréchal Ney sera sur Deppen. » L'ennemi se portant sur ce point sera pris en flanc par une masse de manœuvre débouchant de Elditten.

« Il est très convenable de remuer de la terre. »

« L'ennemi fait des mouvements très éloignés sur la rive droite de l'Alle; peut-être n'est-ce que pour vivre; mais, si nous étions assez heureux pour que ces mouvements fussent faits en force, nous serions en position de l'écraser. C'est pour cela qu'il faut toujours se tenir sur le qui-vive et prêt à reprendre l'offensive, car pour peu que l'ennemi s'étende de deux marches, mon intention est de lui tomber sur le corps. » Nous avons expliqué plus haut comment Napoléon écrasera l'ennemi, en le coupant de Kœnigsberg.

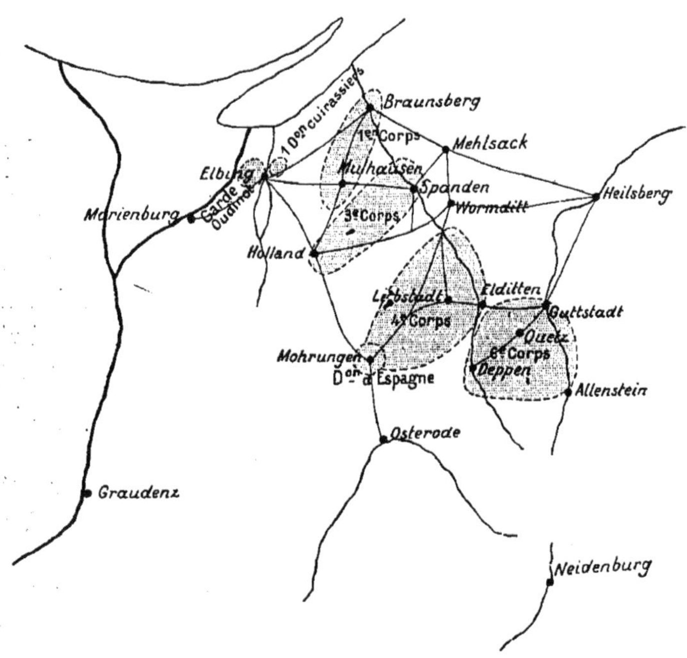

Emplacements prévus pour les corps le 28 février.

Le 1er mars, l'Empereur écrit à Berthier : « Vous donnerez des ordres pour la formation d'une division de Polonais sous les ordres du général Zajonchek. Cette division sera réunie à Neidenburg et formera un corps d'observation qui liera Osterode et Varsovie. Mon intention est qu'avec son premier régiment, il soit arrivé à Neidenburg dans six jours au plus tard. »

Nous verrons plus loin quel est le rôle de Zajonchek.

Le 1er mars, au matin, Davout recevait l'ordre de se diriger sur Libemühl qu'il atteignait le soir avec deux de ses divisions. La troisième, celle de Morand, était restée à Allenstein pour couvrir la droite de Ney.

Le 2 mars, Napoléon écrivait à Soult, à 2 heures de l'après-midi : « Les nouvelles d'aujourd'hui sont que l'ennemi a débouché de Guttstadt sur Queetz, chemin de Deppen, avec une colonne d'infanterie, de cavalerie et d'artillerie..... Je vous recommande d'être plein de l'esprit de la chose, de mettre de côté toute petite rivalité, et de tomber ferme sur le flanc de l'ennemi, si demain matin il s'engageait un combat entre Queetz et Guttstadt. » Napoléon applique ici ses principes sur la défense des rivières, que nous verrons développer plus loin, dans une lettre à Bernadotte, le 6 mars.

« Tout me porte à penser que le maréchal Davout sera inutile ; toutefois sa tête sera aujourd'hui à Mohrungen, prête à vous soutenir. » Le 3e corps se portera sur Liebstadt derrière le 4e corps.

Napoléon affecte à la couverture de manœuvre un corps (le 6e) et deux à la masse de manœuvre (4e et 3e corps).

« La division Espagne doit vous être arrivée ; ne l'employez cependant qu'en bonne connaissance de cause. » Elle agira comme cavalerie de bataille.

Soult recevait aussi l'ordre d'envoyer une colonne sur Wormditt, tandis que le 1er corps déboucherait de Spanden sur Mehlsack.

« Cette expédition, écrivait l'Empereur aux maréchaux, doit être considérée sous le même rapport que le serait la sortie d'une place forte. » Elle avait « pour but de lui inspirer de l'épouvante ».

Le 3, Guttstadt était repris par Ney et l'ennemi abandonnait les postes qu'il occupait sur l'Alle et depuis Wormditt jusqu'à Heilsberg.

Napoléon s'inquiétait des mouvements de l'ennemi sur sa

droite; nous avons vu plus haut pourquoi l'Empereur avai
besoin d'être renseigné à ce sujet.

Le 4 mars, il écrivait à Morand, qui occupait Allenstein,
« pour savoir ce qui se passe du côté d'Allenstein et connaître le mouvement de l'ennemi sur sa droite..... La division
de dragons Milhaud avait ordre de se rendre près de lui. »

Néanmoins, toute la journée Napoléon pense que l'ennemi est repoussé pour quelque temps; il recommande à
Soult « de garder une ou deux têtes de pont, quand il ren-
trera dans ses cantonnements et d'y faire travailler sur-le-
champ ». Il écrit à Davout : « Mon intention est de vous
donner l'ordre de vous placer à Saalfeld ». Il ne donne pas
suite à son projet de placer Davout en couverture; la masse
de manœuvre de l'Empereur sera ainsi plus puissante.

Mais, vers la fin de la journée, Napoléon s'inquiète d'un
bruit qui court. « On dit qu'on a tiré aujourd'hui le canon
à Guttstadt, écrit-il à 9 heures du soir à Davout..... Il me
semble que l'ennemi fait quelque chose; quelques indices
feraient penser qu'il fait un mouvement sur ma droite; le
fait-il en force et d'une manière décidée? c'est ce qui est
douteux. »

A la même heure, l'Empereur écrit à Soult :

« Toutefois, je pense qu'il n'y a pas d'inconvénient à rester
dans la position où vous êtes..... Mon intention est de rentrer dans mes cantonnements si l'ennemi ne fait aucun
mouvement sur ma droite et si la masse de ses forces est
tranquille. Si, au contraire, il s'est jeté sur ma droite, mon
intention est de marcher sur lui, en *débordant constamment
sa droite*..... Je lui ai donné ordre (à Bernadotte) de pousser
en avant sur Spanden, de manière à être prêt à se réunir à
vous et à savoir ce que fait l'ennemi. »

Le 5 mars, l'Empereur écrivait à Soult :

« L'ennemi a présenté hier à Launau 6.000 hommes
d'infanterie au général Ney, indépendamment d'une grande

quantité de cavalerie..... Le maréchal Ney doit rester en position et ne pas attaquer l'ennemi à Launau.

»..... Tout porte à penser que l'ennemi aura reployé tous les mouvements qu'il avait fait de ce côté (la droite de Napoléon), car il me semble que Guttstadt doit être son pivot. Cependant *il ne faut jamais deviner ce que peut faire l'ennemi.* Mon intention est toujours la même », celle qu'il exprimait dans sa lettre de la veille à 9 heures du soir.

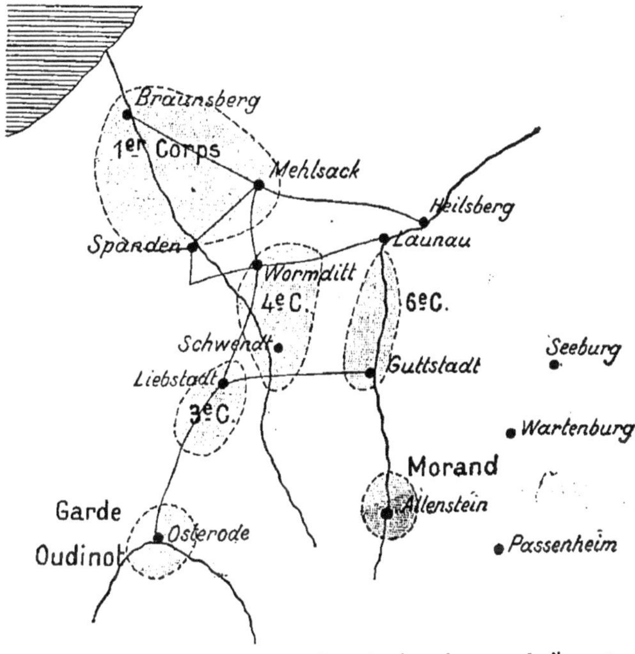

Emplacements prévus pour la Grande Armée pour le 5 mars.

Le 5 mars, la Grande Armée devait occuper les emplacements indiqués sur le croquis. Si l'ennemi attaque, venant de Launau, les 6e, 4e et 1er corps seront rapidement réunis pour le recevoir; le 3e, à Liebstadt, ne tardera pas à les rejoindre.

Dans cette journée, Davout écrivait au major général :

« Tous les rapports du maréchal Soult lui annoncent que la retraite de l'ennemi sur Kœnigsberg est prononcée.....

« Les reconnaissances poussées par le major Deschamps sur Chorzellen y ont rencontré des dragons et des hussards du 5e corps.

» Les reconnaissances envoyées sur la route de Passenheim n'ont pas trouvé l'ennemi, quoi qu'elles aient été fort loin »; enfin, dit le major Deschamps, « on n'a pas vu d'ennemis dans cette partie ». Cet officier supérieur ajoute qu'il a la certitude que les avant-postes ennemis les plus voisins de sa position sont à Ortelsbourg.

« Indépendamment du 1er régiment de chasseurs, j'ai mis le 12e à la disposition du général Morand pour tenir la campagne et éclairer les mouvements de l'ennemi sur la droite de l'armée. » Le 3e corps, étant en deuxième ligne, ne conservait qu'un régiment de cavalerie, le 2e régiment de chasseurs; la division Morand allait disposer de deux régiments de chasseurs et de la division de dragons Milhaud.

L'Empereur, à la suite de cette lettre de Davout, écrivait le 6 mars, à 6 heures du matin, à Soult :

« Le mouvement offensif se fait sentir sur ma droite. Passenheim, Wartenburg sont évacués ; je crois même Seeburg..... C'est bien un des inconvénients que j'avais sentis des mouvements actuels que de les éclairer sur leur position; mais, d'un autre côté, ils me pressaient trop sur ma droite. » Les mouvements que Napoléon a prescrit ont dégagé sa droite, mais ils ont éclairé les Russes sur le danger qu'ils couraient en voulant tourner cette droite; l'ennemi risquait de se voir couper de Kœnigsberg; il ne renouvellera pas cette faute; l'Empereur ne trouvera plus l'occasion de l'anéantir en exécutant son mouvement enveloppant. Napoléon cherche à se consoler de l'impossibilité où il a été de l'exécuter. « Mais, désirant laisser passer le mauvais temps et organiser mes subsistances, je ne suis pas autrement fâché de cette leçon donnée à l'ennemi. Avec l'esprit de présomption dont je le vois animé, je crois qu'il ne faut que de la patience pour lui voir faire de grandes fautes. Il

paraît qu'on a entendu hier une canonnade sur Braunsberg,
où l'ennemi a marché pour prendre position. Faites éclairer
Mehlsack et reconnaître la force de l'ennemi devant Braunsberg. S'il n'avait là qu'un détachement de moins de
20.000 hommes, peut-être qu'une marche de flanc de Wor-
naditt sur lui, avec beaucoup de cavalerie, pourrait engager
une affaire assez brillante et avoir de bons résultats. Cela
pourrait se faire après-demain. Le maréchal Davout sou-
tiendrait alors la position, et l'ennemi, qui aurait marché
sur Braunsberg, se trouverait attaqué par vous et le prince
de Ponte-Corvo. » Le corps ennemi sera donc attaqué en
tête par 15.000 hommes environ, en flanc par 20.000, soutenus par 20.000 ; il sera anéanti. La manœuvre dont Napoléon parle ici est celle qu'il indique dans une lettre à
Soult, du 26 février ; elle est semblable à celle qu'il a con-
seillée le 2 mars à Soult, dans le cas où un combat s'enga-
gerait entre Queetz et Guttsttadt, entre Ney et l'ennemi.
C'est toujours l'application des mêmes principes pour la défense des rivières.

Malgré les nouvelles rassurantes qu'il avait reçues de sa
droite, Napoléon écrivait à Morand le 6 mars.

« Je désire que vous continuiez à m'instruire de ce qui se
passe à Passenheim, Seeburg et environs, et de toutes les
nouvelles importantes ».

Fin de l'offensive ennemie.

L'ennemi semblant avoir abandonné toute idée d'offensive, Napoléon écrivait à Ney. « Je désire que vous repre-
niez les cantonnements que vous deviez occuper selon vos
instructions, la droite appuyée à Guttstadt, pour première
ligne, s'étendant ensuite à Deppen..... D'Elditten à Guttstadt,
il faut également reconnaître des positions où l'on puisse
faire des abatis et quelques palissades, afin que votre pre-

mière ligne de postes se trouvât à l'abri des incursions de la cavalerie ennemie..... C'est sur la rive gauche de la Passarge qu'il faudrait se retirer, si vous étiez forcé. » Ney forme un saillant dans la première ligne de la Grande Armée ; c'est sur lui que portera sans doute l'attaque principale de l'ennemi. Si celle-ci se produisait sur la basse Passarge, elle serait contenue en tête par le 1er corps et prise en flanc par les 6e, 4e et 3e corps, la Garde et Oudinot. Nous avons vu comment Napoléon devait y parer si elle avait lieu sur sa droite. Le même jour l'Empereur écrivait à Soult :

« Je serais, de mon côté, assez porté à rester tranquille. Je vois bien clairement ce que font les Prussiens ; je ne vois pas encore clair sur ce que font les Russes. Je suppose que vous vous tenez alerte et à l'abri de toute surprise. »

Napoléon envoyait ce jour-là à Bernadotte une lettre dans laquelle il lui expose les principes sur la défense d'une rivière ou d'une ligne quelconque, principes dont nous avons vu l'application nombreuse au cours de cette campagne.

« Je vois avec plaisir que la tête de pont de Spanden est déjà occupée ; mais cela n'est pas suffisant ; il nous faut une tête de pont à Braunsberg..... C'est dans la défense d'un pont et d'une tête de pont que consiste toute notre bonne position. Supposez que 25 ou 30.000 hommes se portent sur Braunsberg, et que vous vous y portiez avec votre corps d'armée pour leur couper le passage, et que, profitant d'une opération si téméraire de la part de l'ennemi, un ou deux corps débouchent par Spanden pour tomber sur ses derrières ; s'il n'y a pas un pont et une tête de pont, vous ne pourriez pas participer au combat, et nous aurions un désavantage marqué. *Une rivière ni une ligne quelconque ne peuvent se défendre qu'en ayant des points offensifs ;* car quand on n'a fait que se défendre, on a couru des chances sans rien obtenir ; mais lorsqu'on peut combiner la défense avec un mouvement offensif, on a fait courir à l'ennemi plus de chances qu'il n'en a fait courir au corps attaqué. Faites donc travailler jour et nuit à la tête de Spanden et à celle de Braunsberg. » Napoléon devait exposer les mêmes principes à Eugène pour la défense de l'Adige en 1809 et de l'Elbe en 1813.

Question des subsistances.

« Si j'avais eu du pain, dit l'Empereur, et que les mauvais temps ne m'eussent pas arrêté, je serais arrivé à Kœnigsberg avant lui, et je l'aurais battu en détail. »

Le manque de vivres cloue Napoléon sur sa position ; aussi, comme nous l'avons dit plus haut, il s'en plaint amèrement pendant toute la mauvaise saison.

Le 6 mars, il écrit à Daru : « C'est la pénurie des vivres qui enchaîne toutes mes opérations . »

Le 7 mars, il dit à Ney : « Il faut gagner quelques jours ; mes magasins seront alors organisés à Osterode et nous serons maîtres alors de nos mouvements. »

Le 8, lettre à Daru : « Il faut avoir, le plus tôt possible, 20.000 quintaux de farine à Bromberg, à Thorn et dans les environs. C'est par là que doit se nourrir l'armée (les ponts de Marienwerder et de Marienburg n'étaient pas encore établis)..... Si j'avais à Osterode 6.000 quintaux de farine, je serais maître de mes mouvements, mais ils n'y sont pas, et cela me donne de l'inquiétude. »

Le 11, lettre à Lemarois : « Ce qui nous gêne toujours, ce sont les subsistances. »

Lettre à Davout : « Moi, je veux organiser mes vivres. C'est jouer à la loterie que de faire quelque chose en mars et en avril. »

Le 12, lettre à Lemarois : « Ma position est excellente, militairement parlant, elle est mauvaise quand je n'ai pas de vivres. »

Lettre à Talleyrand : « Aujourd'hui, le sort de l'Europe et

les plus grands calculs dépendent des subsistances. Battre les Russes, si j'ai du pain, c'est un enfantillage. »

Le 14 mars, lettre à Jérome : « Envoyez des vivres, des effets d'habillement, surtout envoyez-nous de l'eau-de-vie. L'objet le plus important aujourd'hui ce sont les subsistances. »

Mais la situation allait s'améliorer; le 16, Napoléon disait à Soult « Nos subsistances sont ici fort bien organisées. J'ai à Osterode de quoi nourrir l'armée pendant dix jours en pain, farine et biscuit. J'ai douze fours. »

Le lendemain, lettre à Talleyrand : « Les subsistances s'organisent. »

Le 26, lettre à Daru « : L'armée commence à vivre d'une manière régulière », néanmoins, elle devait continuer à éprouver encore de nombreuses difficultés pour se procurer des vivres. « Notre situation devenant alarmante, sous le rapport des subsistances », écrivait l'Empereur, le 23 mai, à Faviers.

Le 6 mars, Napoléon avait envoyé à Dejean un projet d'organisation d'un train des équipages pour remplacer la compagnie Breidt. « Cette compagnie Breidt sert d'une manière infâme », lui écrivait-il le 20 mars.

Mission du corps de Zajonchek.

Revenons aux opérations. Napoléon, à peu près sûr, le 6 mars, que l'offensive des Russes sur son centre et sa gauche n'aurait pas de suite, allait porter toute son attention sur sa droite; il s'occupait spécialement du corps de Zajonchek et lui donnait des instructions complètes sur sa mission.

« Le premier but du corps d'observation polonais, écrit Napoléon, est de garantir les flancs de l'armée, depuis Allenstein jusqu'à Neidenburg et depuis Neidenburg jusqu'à l'Omulew, où s'appuie la gauche du 5e corps qui forme la droite de l'armée et que commande le maréchal Masséna, dont le quartier général est à Pultusk. Il laissera entre Osterode et Neidenburg quatre postes de dix hommes chacun. » Comme il y a 50 kilomètres entre Osterode et Neidenburg, les postes de correspondance seront placés de 10 en 10 kilomètres. Zajonchek pourra donc correspondre avec Napoléon en 3 h. 30. « Et on placera (des postes) aussi entre Neidenburg et Chorzellen, afin de pouvoir correspondre tous les jours avec le major général et avec le maréchal Masséna. »

« Le général Zajonchek doit envoyer des patrouilles sur Passenheim, Ortelsburg, etc., pour éclairer les mouvements de l'ennemi et connaître tout ce qu'il fait sur la rive droite de l'Alle. Il enverra aussitôt que possible une bonne avant-garde à Willenberg..... Ce corps poussera des partis sur Myszyniec, Bichofsburg et éclairera toute cette partie; en cas d'événement, ce corps se retirera sur Neidenburg. »

Tout le terrain compris entre l'Alle et la chaîne de lacs qui se trouvent au nord de Johannisburg sera battue par

Zajonchek ; toute offensive de l'ennemi dans cette partie sera éventée. Willenberg étant à 80 kilomètres d'Osterode, est à la même distance de ce point que l'est Braunsberg.

Par suite, en cas d'attaque de l'ennemi soit sur la droite de la Grande Armée, soit sur sa gauche, Napoléon peut la concentrer en trois jours à Osterode.

La possession de Willenberg permet de prendre en flanc toute offensive de l'ennemi sur l'Omulew.

Reconnaissance de Murat.

Au moment où l'Empereur donnait à Zajonchek ses instructions, il apprenait que des détachements ennemis étaient en mouvement du côté d'Ortelsburg et de Willenberg. Il chargeait aussitôt Murat d'aller reconnaître ces forces ennemies avec 6.000 hommes d'infanterie et beaucoup de cavalerie. Le 9 mars, il lui envoyait la lettre suivante :

« J'approuve que vous ayez pris avec vous toute la division Oudinot..... Il me tarde bien d'apprendre quel est le corps qui est à Willenberg. » Le corps de Davout qui, avec la Garde et Oudinot, formaient la masse de manœuvre de la Grande Armée, était prêt à l'appuyer : « Le maréchal Davout a, ce soir, son quartier général à Detterswalde ; le général Gudin doit être près de Hohenstein. »

Napoléon écrivait le même jour : « Le grand-duc de Berg doit être ce soir avec une forte colonne d'infanterie à Dembenofen. »

Au cours de ces derniers jours, l'Empereur emploie différemment sa cavalerie sur son front et sur ses flancs. Lors de l'attaque de front de l'ennemi, de Braunsberg à Allenstein, il répartit sa cavalerie entre ses corps d'armée et ne veut s'en servir que comme cavalerie de bataille. Les corps de couverture, au moyen de leur cavalerie légère, et par la combinaison de la défensive avec des mouvements offensifs, le renseignent sur les projets de l'ennemi. Lorsque l'Empereur apprend que des corps russes sont en mouvement sur son flanc droit, il forme une masse de cavalerie appuyée par un corps d'infanterie pour se renseigner sur leurs intentions.

L'immobilité de Masséna devant les mouvements de l'ennemi lui valait quelques observations de Napoléon : « Je vois avec peine, lui écrivait-il le 10 mars, que vous n'ayez pas fait marcher à Willenberg sur-le-champ, à la première nouvelle que la division russe Wolkonski, qui forme la 3ᵉ division d'Essen, s'était portée sur ce point..... Il est indispensable que vous suiviez Essen et que vous fassiez occuper Willenberg, au moins par une division, si Essen marche par Lonza et Rastenburg, comme cela paraît prouvé, pour rejoindre le gros de l'armée de Bennigsen; sans quoi, je me trouverai avoir ici des forces de plus sur les bras, et la moitié de votre corps deviendra inutile, tandis que la moitié du corps d'Essen viendra renforcer l'armée qui est devant moi..... Le grand-duc de Berg a marché sur le corps qui est à Willenberg. Vous sentez combien il est malheureux que je m'affaiblisse ainsi, au moment ou je suis en présence (avec l'ennemi) pour faire une chose que devrait faire votre corps d'armée qui, par là, peut m'être inutile dans des circonstances décisives. »

Dans la Grande Armée, chaque organe a une mission particulière, bien définie, à remplir, et qu'il ne doit pas perdre de vue, sans quoi il deviendra inutile et l'effet de cet oubli influera sur le plan général des opérations au risque d'en fausser ou d'en empêcher l'exécution.

Masséna recevait l'ordre d'envoyer la division Gozan à Willenberg.

Au 10 mars, l'armée était cantonnée derrière la Passarge et occupait les emplacements indiqués sur le croquis. Des

ponts étaient jetés sur la Vistule, à Marienburg et à
Dirschau.

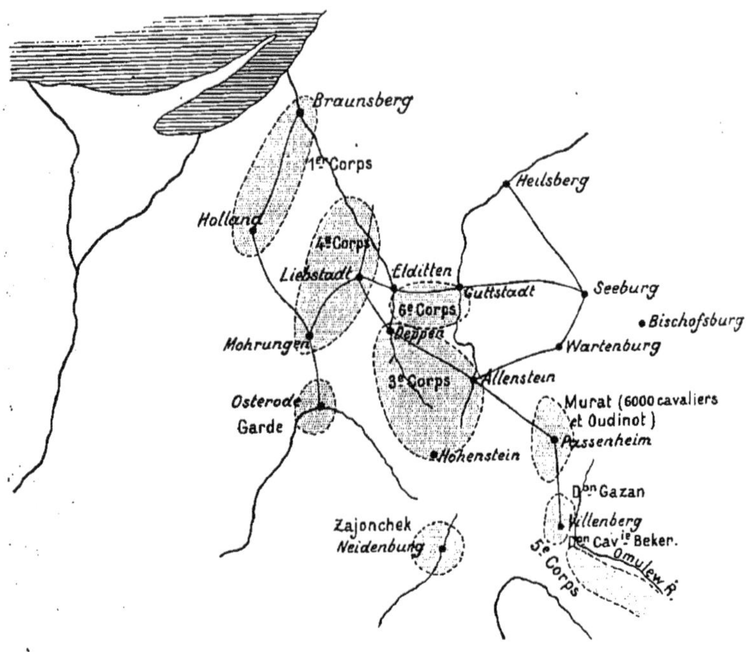

Emplacements occupés par la Grande Armée le 10 mars.

Nous avons vu **plus haut** que, dans cette position, la
Grande Armée avait besoin de trois jours pour se concentrer
à Osterode. Que l'attaque de l'ennemi se produise sur la
droite ou sur la gauche, elle avait le temps de le faire,
Braunsberg et Willenberg étant à égale distance d'Osterode.

Si l'attaque se produisait sur Guttstadt, le défaut d'es-
pace devait être compensé par un gain de temps. Une fois
que le 2e corps se serait retiré un peu devant les Russes, le
3e corps tomberait sur leur flanc gauche, le 4e corps déboucherait par Elditten sur leur flanc droit.

Au besoin, la Garde se porterait sur Deppen pour soutenir le 6e corps. Les quatre corps reculeraient en combattant

jusqu'à Osterode pour donner le temps au 1er corps et à Zajonchek de se porter à Osterode.

En effectuant le mouvement qui venait de lui être prescrit, Murat apprit qu'un corps de cavalerie ennemi s'était porté sur Willenberg ; le prince Borghèse le culbutait.

Le 11 mars, Napoléon écrivait à Soult : « Ney prend demain ses cantonnements. Ne reprenez pas les vôtres et ne repassez la Passarge que lorsque vous serez certain qu'il aura pris les siens. » Le moment de la prise des cantonnements est un moment critique à passer, l'ennemi pourra en profiter pour inquiéter Ney ; Soult doit être prêt à l'appuyer.

« Que la division des cuirassiers et la division Klein soient en position de déboucher par Elditten pour soutenir la gauche de Ney. » La cavalerie sera encore employée comme cavalerie de bataille.

Le 12 mars, Napoléon écrivait à Murat :

« Votre marche sur Wartenburg vous instruira si l'ennemi a eu de l'infanterie à Seeburg et à Bischofsburg. Ayant ainsi éclairé la position de l'ennemi sur la rive droite, il faut rentrer dans les cantonnements, de manière à ne pas perdre un homme..... De part et d'autre, il paraît qu'on veut rester tranquille et attendre une meilleure saison. S'il y a près de vous quelque parti ennemi auquel vous puissiez faire un mauvais tour, ne manquez pas de le faire. » Cela rendra l'ennemi plus circonspect.

Le 13 mars, l'Empereur annonçait à Masséna « son intention de marcher à l'ennemi dans une quinzaine de jours ».

« Je puis réunir, lui disait-il, par des marches composées, 140,000 hommes pour exterminer l'ennemi. » C'était l'effectif de son armée cantonnée derrière la Passarge et l'Alle. L'Empereur pensait sans doute que dans quinze jours les ponts de Marienwerder et de Marienburg seraient établis et que les différents corps auraient rassemblé suffisamment de subsistances pour entreprendre des opérations actives.

Toute son attention se porte sur les vivres.

« Tâchez d'ici à huit jours, écrivait-il à Masséna, d'avoir dans tous ces lieux 80.000 rations de pain biscuité, en réserve. »

Le 17 mars, il lui écrivait de nouveau : « Je vous ai mandé que, pour l'exécution de mes projets, il fallait avoir à Przasznic 80.000 rations de pain et 80.000 rations de biscuit, afin que vous puissiez partir avec huit jours de vivres bien assurés. »

Le 18 mars, Napoléon donnait l'ordre à Soult de se procurer 200.000 rations.

Le 13 mars, l'Empereur écrivait à Davout : « Il faudrait tâcher d'arriver à avoir une réserve à votre quartier général, afin que, en cas d'événement, vous puissiez donner cinq jours de pain à vos troupes, un jour de rassemblement et quatre jours d'opérations. » Le 19 mars, il lui écrivait « d'avoir huit jours de pain, quatre que porteraient les soldats et quatre qui seraient portés dans les caissons ». Le corps serait approvisionné comme au début de 1806.

En attendant le moment de marcher à l'ennemi, Napoléon cherche à se renseigner sur ses mouvements. « Il paraît se rapprocher de Kœnisberg, écrit-il le 14 mars à Ney. Envoyez quelques espions par votre droite ».

Le même jour, il écrit à Gazan qui est à Willenberg « Pour avoir des nouvelles, faites enlever des baillis à quatre ou cinq lieues autour de vous », c'est-à-dire à peu près à une journée de marche ; « envoyez à cet effet des partis de 400 chevaux et 200 à 300 hommes d'infanterie, afin de se conserver constamment la supériorité et de n'avoir point d'échauffourée ».

L'Empereur écrit à Zajonchek, le 14 mars : « Tâchez de pincer quelques Cosaques, et tâchez de m'envoyer des renseignements des mouvements des troupes légères ennemies devant vous. »

Le gouvernement polonais était chargé de se procurer exactement et promptement des nouvelles d'Essen et de ce que font les ennemis à Bialystok.

Napoléon veut porter son quartier général à Finkenstein.

Le 23 mars, Napoléon mande à Berthier : « Le pont de Marienburg et celui de Marienwerder étant établis, mon intention est de porter mon quartier général à Finkenstein. »

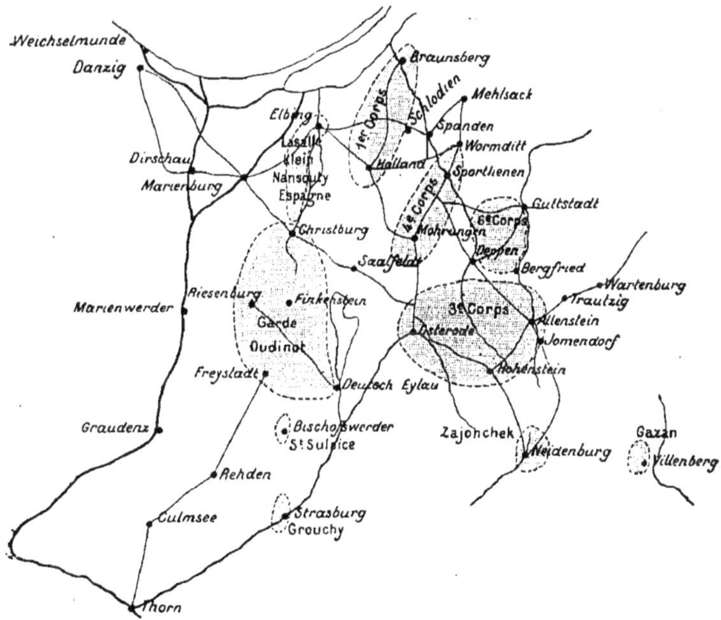

Il pourra enfin prendre sa ligne de communication par la basse Vistule. « Vous voudrez bien, en conséquence, ordonner que l'on reconnaisse sur-le-champ la route de Saalfeld et Finkenstein à Thorn, par Freistadt, Rehden et Culmsee.....; ce sera la route de communication avec le quartier général. »

Puis il indique aux corps les emplacements portés sur le croquis.

« Marienwerder deviendrait le véritable point d'appui de l'armée. » C'est de ce point que partira sa ligne d'opérations dans le cas où il se porterait vers l'Est. Ce serait aujourd'hui la tête d'étapes de guerre.

« Des ingénieurs géographes iront lever le terrain depuis Deutsch-Eylau, Saalfeldt, jusqu'à Marienburg et Elbing. Des ingénieurs militaires partiront aujourd'hui pour reconnaître tous les environs et reconnaître une position militaire qui appuierait la droite au lac de Saalfeld et à Deutsch-Eylau, et la gauche à Elbing. »

Napoléon désirait avoir une position, comme celle d'Osterode, où il pourrait rallier son armée.

La Grande Armée présente quatre corps de couverture, 1er, 4e, 6e, 3e; en arrière est une masse contituée par la garde et Oudinot, prête à se porter soit contre une attaque de l'ennemi sur la Passarge ou l'Alle, soit contre un débarquement de l'ennemi près de Danzig; elle pourra aussi servir de centre de ralliement à la Grande Armée.

Parmi les points occupés par l'armée, Guttstadt étant le plus éloigné de la position choisie par Napoléon et à 55 kilomètres de celle-ci, l'armée pourra être réunie sur cette position en deux jours.

Dans le cas où l'ennemi attaquerait l'armée sur la Passarge et l'Alle, et débarquerait en même temps des troupes vers Danzig, la Garde et Oudinot se porteraient près de Danzig pour repousser ce débarquement, tandis que les corps de couverture reculeraient en combattant vers la position choisie. Celle-ci étant à 55 kilomètres de Danzig et à la même distance de Guttstadt, la garde et Oudinot, après avoir repoussé le débarquement, auraient le temps de venir rallier sur cette position les corps de couverture, et toute la Grande Armée réunie y livrerait bataille.

Si, cependant, la Garde et Oudinot arrivaient trop tard,

les corps de couverture pourraient se retirer derrière la Vistule, par Marienwerder et Marienburg, où sont construites des têtes de pont. Napoléon ne tarderait à déboucher par l'une d'elles, tandis que l'autre résisterait aux attaques de l'ennemi.

Dans le cas où l'Empereur voudrait porter la Garde et Oudinot sur sa première ligne, il lui faudrait trois jours, Riesenburg étant à 80 kilomètres de Braunsberg, Guttstadt, Allenstein.

Napoléon chargeait, le 24 mars, le prince Borghèse d'aller visiter les travaux de Praga, Modlin, Sierock. Nous avons vu plus haut pourquoi l'Empereur attachait tant d'importance à avoir des têtes de pont en ces points.

Il demandait le même jour à Lemarois : « Quand Modlin et Sierock seront-ils en état de défense? »

Le lendemain il lui écrivait : « Je fais venir ces troupes en réserve, pour qu'à tout événement, avec.... ce qui vous ferait 7 ou 8.000 hommes, vous puissiez garder Sierock et surtout Praga et Varsovie. »

Le 28 mars, Napoléon retirait les divisions Grouchy et Milhaud des corps d'armée auxquels elles avaient été attachées. Il ne laissait au 4e corps que deux régiments de la division Klein, il lui enlevait la division Espagne. Toute cette cavalerie passait sous les ordres de Murat. Ayant laissé à Soult deux régiments de dragons, l'Empereur lui disait d'envoyer deux de ses régiments de hussards à Marienwerder pour se refaire.

Napoléon transfère son quartier général à Finkenstein.

Le 1er avril, Napoléon transférait son quartier général à Finkenstein.

Le 2, il écrivait à Rapp : « Enfin, la place (Thorn) est-elle à l'abri d'un coup de main ou en état de se défendre?.....

Il est pressant que j'aie des idées précises là-dessus. D'un moment à l'autre vous pouvez en avoir besoin. »

Napoléon, en prenant sa ligne de communication par Marienwerder, découvrirait Thorn dans le cas où l'ennemi chercherait à déborder sa droite.

Le 6 avril, l'Empereur donne l'ordre à l'adjudant commandant Guilleminot « de chercher une bonne position militaire pour une armée de 100.000 hommes qui occupe la droite au lac de Saalfeld et la gauche du côté de Christburg, et de voir de quelle manière l'ennemi pourrait agir pour obliger à évacuer cette position. L'ennemi le peut par la gauche et par la droite; par la droite, il trouvera le lac de Saalfeld et de Deutsch-Eylau. Par la gauche, il y a la petite rivière de Sorge qui s'étend depuis Christburg jusqu'au Draussen-See. Cette ligne s'étend ensuite depuis le Draussen-See jusqu'à Elbing et depuis Elbing jusqu'au Frische-Haff. Il recommandait à Guilleminot de reconnaître le parti qu'on pourrait tirer des marais et des obstacles naturels. »

Napoléon ne songeait alors qu'à rester sur la défensive, attendant la reddition de Danzig pour prendre l'offensive : « Vous sentez qu'avant de rien faire, écrivait-il à Masséna, le 11 avril, je dois désirer d'enlever cette place importante, qui me rendra 15 à 20.000 hommes disponibles et ôtera à l'ennemi un point d'appui sur le bas de la Vistule ; je ne suis pas sans espoir de l'avoir à la fin du mois. D'ailleurs, j'aime à laisser la saison devenir belle. »

Tant que cette place ne sera pas prise, il serait possible que l'ennemi tentât quelque opération pour la débloquer ; aussi les corps de couverture devaient être toujours prêts à manœuvrer. La saison devenant meilleure, l'Empereur ordonnait, dans les premiers jours de mai, aux 1er, 4e et 3e corps de camper par division en carré, en ayant soin de choisir des lieux sains et de bonnes positions militaires, et d'exercer les troupes aux manœuvres et aux exercices, pour les tenir en haleine.

Ses mesures étant prises contre une attaque des Russes sur la Passarge, Napoléon donne ses instructions pour faire face à un débarquement de l'ennemi près de Danzig.

Le 4 mai, l'Empereur écrivait à Mortier : « Placez vos troupes de manière qu'elle puissent se porter ou sur Danzig ou sur Kolberg. » Napoléon prévoyait le cas où le débarquement s'effectuerait en l'un de ces deux points « ou sur Marienwerder, avec la plus grande rapidité », dans le cas où l'Empereur, n'ayant pas à craindre de débarquement, serait attaqué par les Russes sur la Passarge.

Formation d'un corps de réserve.

Le 5 mai, il mande à Berthier : « Le maréchal Lannes commande un corps qui porte le nom de corps de réserve de la Grande Armée. Ce corps sera composé de la division Oudinot, formée à quatre brigades, et de la division Verdier. Une troisième division (italienne) sera réunie au corps de réserve. Elle arrivera sur la fin de mai. Le corps de réserve sera ainsi composé de plus de 20.000 hommes. »

Son quartier général sera Marienburg.

La Garde, le corps de réserve de Lannes, le corps de Mortier, la réserve de cavalerie constituent une masse prête à se porter au point où se produira l'attaque de l'ennemi. Nous avons vu plus haut comment elle pourrait faire face à la fois à un débarquement et à une attaque sur la Passarge.

Le 12 mai, 10.000 Russes étant débarqués à Weichselmünde, Mortier reçoit l'ordre de venir à Danzig. Lannes, en attendant son arrivée, renforcera avec Oudinot le corps de Lefebvre.

Lefebvre reçoit la lettre suivante de Napoléon, le 14 mai :

« Ne mêlez point le corps du maréchal Lannes dans les affaires du siège ; qu'il soit seulement toujours en opposition au corps qui a été débarqué, afin que, lorsque le corps du maréchal Mortier sera arrivé, il puisse me rejoindre intact. » Ce corps, constituant une réserve, devait pouvoir se porter immédiatement au point où sa présence serait nécessaire. Les Russes vont peut-être profiter de ce que l'attention de Napoléon est attirée sur leur débarquement, pour attaquer en forces la Grande Armée sur la Passarge ; il faut donc que le corps de Lannes revienne le plus tôt possible à Marienburg.

Instructions à Masséna.

Malgré ces événements sur sa gauche, l'Empereur n'oublie pas Masséna. Le 16 mai, il lui recommande d'établir une bonne tête de pont à Ostrolenka. « Il faut que vous teniez l'ennemi en haleine. »

Le 17, il lui écrivait : « Si vous aviez une affaire avantageuse à Ostrolenka et que vous mettiez un peu l'ennemi en déroute, rien ne s'oppose à ce que vous poussiez jusqu'à Nowogrod, car il entre dans mon système de donner de l'inquiétude à l'ennemi sur toute sa gauche, que je suis instruit qu'il a dégarnie. » Napoléon veut retenir Essen, sans quoi, le 5ᵉ corps devient inutile. Celui-ci retiendra les Russes en marchant contre eux. En 1812, Napoléon n'emploiera que des moyens moraux pour les retenir près de Varsovie.

Le même jour, l'Empereur écrit à Masséna une lettre dans laquelle on retrouve son esprit méthodique et analytique.

« Le 5ᵉ corps a trois buts à remplir, lui dit-il : 1º couvrir Varsovie ; 2º former la droite de l'armée ; 3º se trouver dans une position offensive qui donne de l'inquiétude à l'ennemi sur sa gauche et l'empêche de se dégarnir. Quelle est la position qu'il doit occuper pour remplir ces trois buts?

» L'ennemi peut se porter sur Varsovie, le long du Bug, ou bien le long de la Narew. La réunion de ces deux rivières, Sierock, serait donc le meilleur point pour camper le 5e corps d'armée, s'il n'avait pour but que de couvrir Varsovie..... Après le point de Sierock, la position la plus avantageuse pour couvrir Varsovie serait de se tenir à cheval sur la Narew, entre Rozan et Pultusk, à l'extrémité du coude que fait la Narew, près Ostrykol, parce que, de cette position à Branszuyk, sur le Bug, il n'y a que 4 lieues et qu'il serait impossible à l'ennemi de déboucher, ni le long du Bug, ni le long de la Narew, sans avoir attaqué ce camp (sans quoi l'ennemi pourrait être pris en flanc). Après cette position, celle de Pultusk serait la plus convenable pour remplir le but de couvrir Varsovie, mais elle ne serait que la troisième, parce que de Pultusk à Wyskow, il y a presque autant que de Wyskow à Sierock; ensuite, que l'ennemi qui attaque Sierock a le temps de rétrograder avant qu'on soit sur ses derrières.

» La position d'Ostrolenka n'est que la quatrième; elle est moins bonne que les autres, parce qu'il y a d'Ostrolenka à Brock 10 lieues, autant que de Brock à Sierock.....

» Mais couvrir Varsovie n'est pas le seul but du 5e corps; il doit appuyer la droite de la Grande Armée; il doit être à même de soutenir le corps qui est à Willenberg, et dès lors, pour conserver la ligne de l'Omulew et remplir ce but, le meilleur point est Ostrolenka.....

» Il n'y a point de doute qu'Ostrolenka est la position la plus importante pour remplir le troisième but, c'est-à-dire pour placer le 5e corps dans une position offensive qui menace la gauche de l'ennemi et l'empêche de se dégarnir. Ainsi Ostrolenka doit être occupé, le camp fortifié par des redoutes et des abatis. »

Le 5ᵉ corps serait réparti de la façon indiquée sur le croquis.

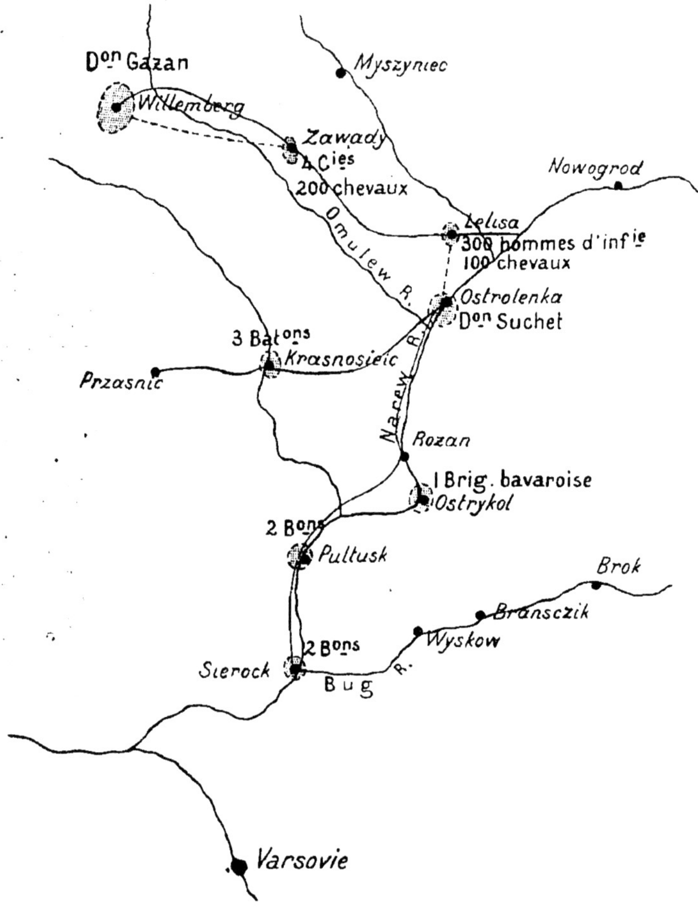

Le 16 mai, 7.000 Russes s'étant portés de Brok sur Pultusk étaient culbutés.

Napoléon n'attachait pas d'importance à cette attaque. « Il paraît, dit-il dans le 76ᵉ bulletin de la Grande Armée, que ces opérations ont pour but d'attirer l'attention de l'armée française sur sa droite; mais les positions de l'armée française sont raisonnées sur toutes les bases et dans toutes les hypothèses, défensives comme offensives. » Nous avons vu plus haut quelles étaient ces bases et ces hypothèses. Du côté de Danzig, les Russes, qui débouchèrent le 15 mai de Weichselmünde pour marcher sur Danzig, furent repoussés jusque dans le fort de Weichselmünde et se rembarquèrent.

Capitulation de Danzig.

Le 26 mai, Danzig capitulait. Napoléon allait pouvoir prendre l'offensive contre les Russes.

Le 27 mai, il donnait les ordres suivants :

« Le général Grouchy enverra chercher à Thorn 20,000 rations de biscuits qu'il gardera avec lui, afin qu'en cas de mouvement il ait du pain pour dix jours..... Le prince de Ponte-Corvo enverra prendre 100.000 rations de biscuit à Marienwerder, afin qu'en cas de mouvement il ait des vivres pour quatre jours. Le maréchal Soult fera transporter de Marienwerder à Liebstadt 100.000 rations de biscuit, afin qu'en cas de départ il y ait des vivres pour quatre jours. De Marienwerder on enverra au corps du maréchal Lannes, à Marienburg, 100.000 rations de biscuit, afin qu'en cas de départ il puisse transporter, sur ses caissons ou sur des voitures du pays, des vivres pour plusieurs jours. »

Soult et Bernadotte, qui étaient en première ligne, ne devaient se procurer que quatre jours de vivres, tandis que Grouchy, qui était à Strasburg, devait s'en procurer dix jours.

Offensive des Russes.

Le 3 juin, les Russes reprenaient l'offensive, devançant ainsi Napoléon.

Ce jour-là, Ney rendait compte de Guttstadt que 300 hommes d'infanterie russe étaient venus attaquer un poste retranché de 12 hommes et s'étaient retirés ensuite.

Le 4 juin, Bernadotte attaqué portait son quartier général à Schlobitten ; tous ses postes étaient inquiétés de Pettelkau à Spanden ; l'ennemi montrait près de Pettelkau six pièces d'artillerie et environ 3.000 hommes, dont 1.500 de cavalerie.

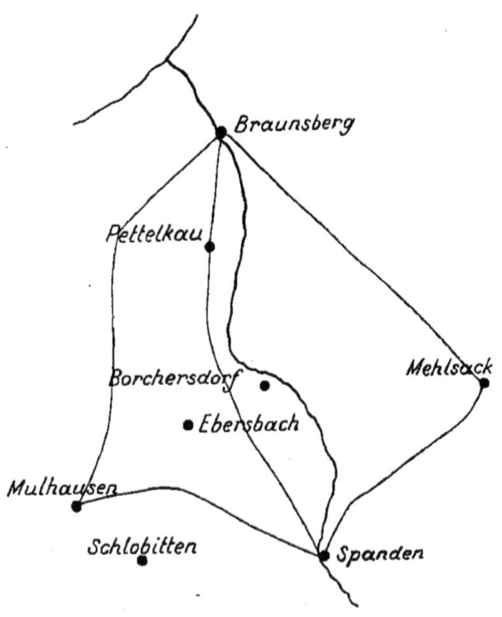

A Spanden, où l'attaque avait été la plus vive, on avait évalué sa force à 4 ou 5.000 hommes. Bernadotte rendait compte au major général qu'il avait concentré la 4e division de dragons entre la Passargue et Mulhausen, et que les six bataillons du camp d'Ebersbach étaient prêts à se porter partout où besoin serait.

Davout écrivait d'Osterode au major général :

« Il n'y a rien de nouveau sur la ligne. L'ennemi a toujours, à Wadang, Trautzig et Jomendorf, des postes qu'il a établis depuis le 1er juin..... Les rapports confirment qu'il s'est renforcé à Wartenburg. »

Le 4 juin, le premier seul avait donc été attaqué.

5 *juin*. — L'Empereur ayant reçu avis, à 2 heures de l'après-midi, que Ney avait été attaqué à 6 heures du matin, à Altkirch, envoyait les lettres suivantes :

1º Lettre à Davout, à Osterode :

« Est-ce une attaque sérieuse ou n'est-ce qu'une escarmouche? Il faut, toutefois, se préparer. Le maréchal Ney, s'il voit qu'il ait affaire à des forces trop considérables, doit se porter sur Deppen. Vous avez sans doute déjà appelé votre cavalerie légère. Dans le cas de la retraite du maréchal Ney, je désire que vous souteniez son flanc droit..... J'ai ordonné la réunion de toute la cavalerie. »

2º Lettre à Soult, à Sporthemen :

Cette lettre est semblable à celle que l'Empereur avait envoyée à Davout; il lui recommandait de porter son attention sur la gauche de Ney, si celui-ci était obligé d'évacuer Guttstadt, et de favoriser sa retraite sur Deppen.

Soult soutiendra donc Ney, à gauche, en débouchant d'Elditten. Davout le soutiendra à droite.

3º lettre à Bernadotte, à Schlobitten :

L'Empereur lui écrivait une lettre semblable à celle qu'il avait envoyée à Davout et il ajoutait : «Tout va être en mouvement..... quoiqu'il soit peu probable qu'après avoir laissé prendre Danzig l'ennemi tente une affaire générale, cependant il faut penser que, s'il veut faire quelque chose, son attaque sérieuse sera sur Guttstadt. » Ce point était le sommet d'un saillant de la première ligne.

A 11 heures du matin, Bernadotte écrivait de Schlodien au major général.

« L'ennemi qui, dès 4 heures du matin, a attaqué M. le maréchal Soult, s'est porté vers les 8 heures sur la tête de pont de Spanden, qu'il a attaqué vivement avec environ 7 à 8.000 hommes et dix bouches à feu; il a été reçu comme hier..... J'ai été blessé d'une balle au cou..... Je ne sais pas encore bien ce que veut l'ennemi, mais il me semble que son mouvement offensif est très décidé, quoique j'ignore encore quel est le véritable point de son attaque. »

A 6 heures du soir, Bernadotte annonçait que les Russes qui ont cherché à escalader la tête de pont de Spanden ont été **mis** dans une déroute parfaite.

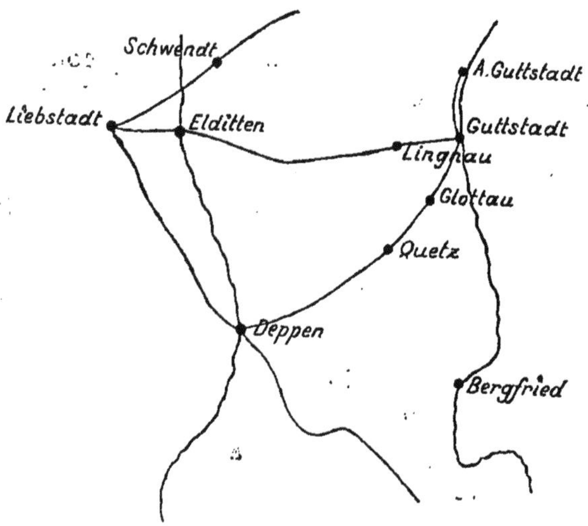

Davout écrivait au major général : « Il m'arrive à l'instant un officier d'état-major expédié par le général Morand; cet officier me fait le rapport que j'ai l'honneur d'adresser à Votre Altesse. » Le rapport était ainsi conçu : « Un corps de Cosaques, estimé à huit cents hommes, a forcé, vers les 7 heures du matin, le passage de l'Alle au pont de Könen; ce corps a continué de passer et s'est dirigé sur Bergfried, qu'ils ont attaqué en face, ont rétabli le pont et continuaient leur mouvement en se dirigeant vers les postes du 6e corps. »

Ney envoyait le rapport suivant :

« Dès 5 heures du matin j'ai été prévenu, par mes avant-postes, que l'ennemi marchait sur Altkirch avec des forces considérables en infanterie, cavalerie et artillerie..... L'ennemi avait formé quatre attaques principales : la première sur Altkirch, la deuxième sur Amt-Guttstadt et la troisième sur Wolfsdorf et Lingnau, la quatrième sur Bergfried, point sur lequel il a passé sur la rive gauche de l'Alle..... Ce n'est que vers 11 heures du matin qu'il a déployé, sur le front de Lingnau et d'Altkirch, environ 15.000 hommes d'infanterie, une artillerie nombreuse et au moins autant de cavalerie que j'ai d'infanterie à mon corps d'armée.....

Dès 8 heures du matin, j'étais enveloppé partout ; mes communications avec les maréchaux Davout et Soult étaient coupées..... et la retraite s'est faite à 2 heures de l'après-midi, dans le plus grand ordre et avec un ensemble qu'on obtient rarement dans une affaire aussi chaude..... A 4 heures, j'ai pris position à Anckendorf, et l'ennemi s'est établi devant moi en avant de Queetz..... J'ai estimé, de même que les généraux qui m'accompagnaient, les deux lignes d'infanterie à 35 ou 40.000 hommes ». Le 4e corps aussi avait été attaqué à Lomitten par les Russes, mais ceux-ci furent complètement repoussés.

Napoléon met en mouvement Mortier, Lannes, la réserve de cavalerie.

A la nouvelle de l'attaque de l'ennemi, l'Empereur met en mouvement, dans la journée, le corps de Mortier, le corps de réserve de Lannes, la réserve de cavalerie. Le plan de Napoléon est de les porter sur la position de Saalfeld.

Ordre à Lannes et à Mortier de se porter sur **Christburg**; aux trois divisions de cuirassiers, Espagne, Nansouty, Saint-Sulpice de se réunir à Marienburg; aux trois divisions de dragons, Grouchy, Milhaud, Latour-Maubourg, de se rassembler à Osterode.

A 7 heures du soir, l'Empereur écrit à Masséna : « Il paraît que l'ennemi attaque en force Guttstadt et qu'il fait des mouvements sur la Passarge..... Faites-moi connaître sur-le-champ ce qui se passe devant vous. »

Des comptes rendus reçus dans la journée du 5 juin, par Napoléon, il résultait que l'attaque principale de l'ennemi s'était produite sur Guttstadt.

6 juin. — Le 6, à midi, l'Empereur envoyait la lettre suivante à Ney : « Il est convenable de tenir dans votre position, si cela vous paraît prudent; et lorsque vous vous retirerez, de marcher le plus lentement possible, d'abord derrière Deppen, et ensuite derrière les lacs que je vous ai fait désigner (lacs près de Mohrungen et de Libemuhl). Je réunis toutes mes forces. Mon plan d'opérations dépend de la position que vous et le maréchal Soult vous aurez, lorsque je serai en mesure; au reste il faut tout le jour de demain » (c'est-à-dire du 7).

Parmi les corps de **deuxième** ligne, celui de Mortier était le plus éloigné; il était à Dirschau le 5 juin, lorsqu'il reçut l'ordre de se mettre en mouvement sur Christburg. Or, il y a 60 kilomètres de Dirschau à Saalfeld, où l'armée devait se réunir; par suite, il fallait deux jours à Mortier pour s'y rendre, il ne pouvait y être que le 7 au soir.

Les corps de couverture devaient donc mettre les journées du 6 et du 7 pour rallier la position de Saalfeld; à cet effet, ils devaient se replier en combattant à la manière d'une arrière-garde.

Le 6, à 9 heures du matin, Soult envoyait le rapport suivant à l'Empereur :

« J'ai attendu jusqu'à cette heure....., afin d'être bien

instruit si les troupes qui ont combattu hier à Lomitten s'étaient entièrement retirées. Depuis ce matin, il n'y a que des Cosaques à la rive droite de la Passarge..... Tout le restant a été joindre les troupes qui sont devant le 6ᵉ corps d'armée, qui paraissent être en forces. A 5 heures, ces troupes se sont engagées avec le 6ᵉ corps, et l'affaire a été très vive jusqu'à 8, où elle a cessé..... Un officier qui vient de passer, et qui se rend près de Votre Majesté, a dit que M. le maréchal opérait sa retraite..... Hier, j'ai été moi-même trop engagé pour pouvoir aller au secours du 6ᵉ corps..... Avec les deux divisions d'infanterie, je reste en position en avant de Liebstadt jusqu'à ce que les mouvements du 6ᵉ corps et ceux de l'ennemi m'aient mis dans le cas de changer ces dispositions..... Sur les hauteurs de Schwedt et de Wolfsdorf, l'ennemi montre autant de troupes qu'il y en avait hier; il y a même augmentation d'infanterie, dont partie est venue de Lomitten. » Dans la journée, le 4ᵉ corps n'était pas attaqué.

L'Empereur donnait l'ordre à la Garde de se rendre immédiatement à Saalfeld.

A 8 heures du soir, il écrivait à Davout :

« Il est bien urgent que vous soyez réuni à *Osterode* avec toutes vos forces et les deux divisions de dragons..... Toute ma cavalerie et mon infanterie de réserve se réunissent à Saalfeld et Mohrungen, moi-même je serai à Saalfeld dans une heure. Il ne faut rien laisser à Allenstein et faire tout évacuer sur Marienwerder, car c'est par Marienwerder, Marienburg et Danzig, qu'est ma ligne d'opérations. L'ennemi manœuvre comme si ma ligne était sur Thorn Vous aurez choisi des positions à Osterode, qui en offre de si avantageuses pour retenir l'ennemi, s'il s'avance par là. Vous êtes l'extrémité de ma droite; jusqu'à cette heure, *mon intention* est de pivoter sur vous. »

A la date du 6, nous trouvons une note de Napoléon ainsi conçue :

« Le maréchal Ney à Deppen.

» Le maréchal Soult en avant de Liebstadt.

» Le prince de Ponte-Corvo à Spanden et à Braunsberg.

» Le maréchal Ney peut être le 7 à Mohrungen, et le 8 à Liebemühl.

» Le maréchal Soult peut être le 7 à Mohrungen, et le 8 entre Saafeld et Mohrungen.

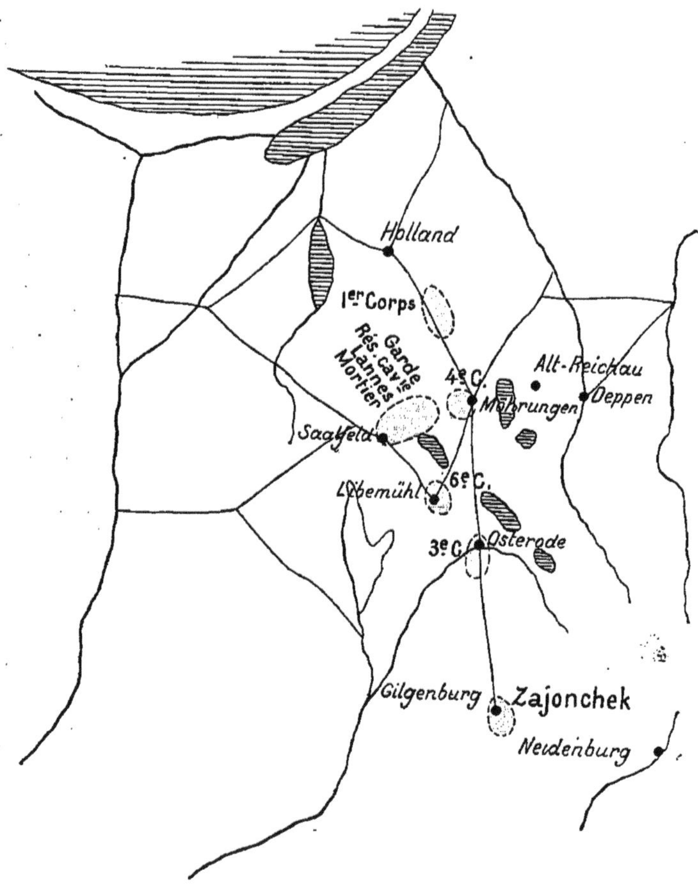

» Le prince de Ponte-Corvo peut être le . à Holland ».

De cette note et de la lettre adressée à Davout, on peut déduire les considérations qui suivent :

Le 6e corps, en se retirant sur Deppen et non sur Liebstadt, viendrait s'intercaler, derrière la Passarge, entre les 4e et 3e corps; dans son mouvement de retraite, il aurait ses flancs couverts par ceux-ci.

Dans le cas où le 6e corps serait forcé de continuer son mouvement rétrograde, il agirait toujours à la façon d'une couverture de manœuvre; il prendrait position près des lacs qui sont à côté de Mohrungen, et ensuite près de ceux situés du côté de Liebemühl. Son rôle serait d'attirer l'ennemi vers ce dernier point. Le 8, la Grande Armée occuperait les emplacements indiqués sur le croquis. Elle présenterait une masse de couverture constituée par les 3e et 6e corps, et une masse de manœuvre constituée par les 4e, 1er corps, la Garde, la réserve de cavalerie, les corps de Lannes et de Mortier; cette dernière masse déboucherait sur le flanc droit de l'ennemi, contenu de front par les 6e et 3e corps, et le couperait de Kœnigsberg.

Nous avons vu plus haut que les corps de Lannes et de Mortier et la réserve de cavalerie pouvaient être réunis le 7 au soir en avant de Saalfeld.

Dans la journée du 6, le 6e corps fut attaqué à Deppen, mais les Russes furent constamment repoussés.

7 *juin.* — Davout écrivait à 9 heures du matin à l'Empe-

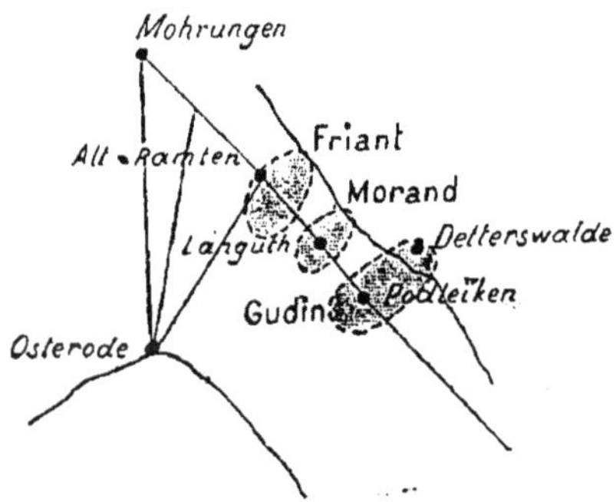

reur : « Je n'ai point de nouvelles de M. le maréchal Ney, tous les officiers que je lui ai envoyés n'ayant pu parvenir jusqu'à lui. Point de nouvelles de l'ennemi..... J'ai laissé, tant au camp que dans la position d'Allenstein, trois cents hommes et cinquante chevaux. Jusqu'ici ils n'ont point été inquiétés. » Le 3e corps occupait, le 7 juin, les emplacements indiqués sur le croquis.

Ney écrivait à 6 heures du matin du bivouac de Deppen au major général :

« L'ennemi fait des marches et des contremarches continuelles sur le plateau de Deppen, rive droite de la Passarge..... On remarque une grande indécision dans ses entreprises; il paraît très embarrassé. »

Effectivement, les Russes ne tentèrent aucune attaque dans la journée.

L'Empereur mandait à Bernadotte, à 11 heures du matin, de Saalfeld :

« Je suis encore à deviner ce que l'ennemi a voulu faire ; tout cela m'a bien l'air d'un coup d'étourdi. Je réunis aujourd'hui, à Mohrungen, mes réserves d'infanterie et de cavalerie, et je vais tâcher de trouver l'ennemi et de l'engager dans une bataille générale, afin d'en finir. »

Les Russes n'ayant pas continué leur offensive, Napoléon ne pouvait pas exécuter le plan qu'il avait conçu la veille.

L'Empereur envoya au 4e corps la division de dragons Latour-Maubourg; au 3e corps, celle de Milhaud; le 1er corps avait déjà la division Sahuc.

Le reste de la cavalerie de réserve, la Garde, Lannes et Mortier se portaient à Mohrungen.

Offensive de Napoléon.

La Grande Armée étant concentrée, Napoléon allait prendre l'offensive; le 7 au soir, il écrit à Davout de se porter sur Deppen.

8 juin. — Mais par suite d'un retard dans la transmission de l'ordre et du mouvement que Davout avait déjà commencé sur Osterode, celui-ci prévient l'Empereur que tout son corps d'armée « ne pourra pas être avant 6 heures du matin, demain 9 juin, à Deppen ».

A 4 h. 1/2 du soir, l'Empereur écrivait à Soult : « Il est probable que je me porterai demain sur Guttstadt. » C'était là que semblait être le centre de gravité des forces ennemies, « alors vous devrez vous y porter avec tout votre corps d'armée de votre côté ».

Sur l'ordre de l'Empereur, Ney s'était porté en avant sur Wolfsdorf et culbutait une colonne russe. Il liait sa gauche avec la droite de Soult qui s'était porté en avant.

9 juin. — Murat, qui commandait l'avant-garde de la Grande Armée culbutait l'arrière-garde russe et entrait dans Guttstadt.

10 juin. — Le 10, Murat trouva l'armée russe en position à Heilsberg ; le plan de Napoléon était de retenir dans cette position les Russes, avec une partie de ses forces, pendant que le reste de son armée leur fermerait les deux routes de Kœnigsberg, celle par Landsberg et celle par Eylau. Il livrerait alors une bataille définitive dans des conditions très avantageuses. La queue de la Grande Armée étant encore à Guttstadt le 10 au soir, et Grossendorf étant à 25 kilomètres de Guttstadt en passant par la rive gauche de l'Alle, Napoléon avait besoin encore de toute la journée du 11 pour l'exécution de son plan.

Le 10, Murat, puis Soult et Lannes attaquèrent les Russes à Heilsberg. Le 1er corps, qui venait de passer la Passarge, reçut l'ordre de se porter sur Landsberg. Le 3e corps était dirigé sur Grossendorf et les 6e et 8e corps sur la route d'Eylau.

Mais, le 11 au soir, l'armée russe commença à évacuer la position et se retira sur Friedland.

La route de Kœnigsberg étant libre, Napoléon allait se

porter sur cette ville, cherchant à devancer les Russes et prêt à livrer bataille si l'occasion s'en présentait.

Dans le cas où les Russes l'attaqueraient sur son flanc droit, il prendrait sa ligne d'opérations par Marienburg et Braunsberg.

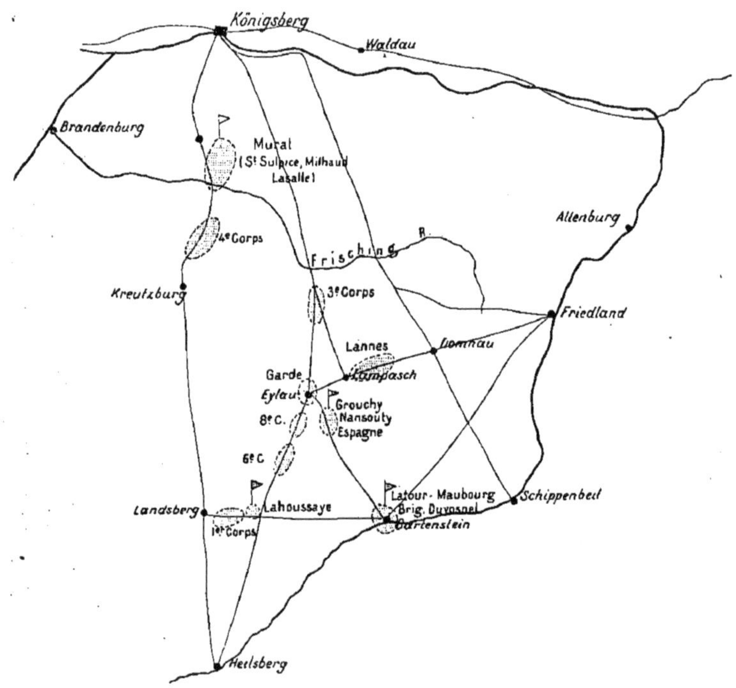

Emplacements occupés par la Grande Armée, le 13 juin à 3 heures de l'après-midi.

Le 13 juin, l'armée russe étant encore sur le flanc droit de Napoléon, celui-ci conçut le plan suivant :

La Grande Armée va faire face à droite. Lannes, devenant l'avant-garde, va se porter sur Donnau, sa cavalerie légère s'éclairant sur Friedland et Schippenbeil. La Garde, les 8e, 6e et 1er corps, Grouchy, Nansouty, Espagne vont se concentrer sur Eylau. La brigade Durosnel et la division Latour-Maubourg se porteront sur Bartenstein, se liant sur leur gauche à la droite de la cavalerie légère de Lannes.

Le 4e corps et Murat (Saint-Sulpice, Milhaud, Lasalle), vont se porter le plus rapidement possible sur Kœnigsberg, poussant devant eux les Prussiens qui occupent la route de Kreutzburg. Murat se liera par sa droite avec la cavalerie légère de Lannes.

Le 3e corps, sur la route d'Eylau à Kœnigsberg, liera le gros des troupes établi à Eylau avec Murat et le 4e corps, prêt à appuyer sur l'une ou l'autre masse.

Dans le cas où l'ennemi déboucherait de Friedland pendant l'exécution de ce plan, Murat, avec le 3e corps, tomberait sur le flanc droit des Russes, laissant le 4e corps et une division de dragons devant les Prussiens. Napoléon prendrait sa ligne d'opérations par sa gauche, dans le cas où les Russes, qui croient que sa ligne d'opérations passe par Heilsberg, chercheraient à le couper de ce dernier point.

Lannes étant encore près d'Eylau au moment où Murat, avec le 4e corps, commence son mouvement vers Kœnigsberg, Murat exécutera sa marche en deux bonds, afin de s'assurer la possibilité de rallier à temps le gros de la Grande Armée en cas d'attaque des Russes.

Murat, dans son premier bond, viendra occuper la rive droite de la Frisching; il exécutera son deuxième bond lorsqu'il apprendra que Lannes a reconnu que Domnau n'était pas occupé.

A 4 heures de l'après-midi, Napoléon écrivait à Murat que « tout porte à penser que l'ennemi n'est plus en mesure ».

A 9 heures du soir, l'Empereur mandait à Lannes : « Mon officier d'ordonnance arrive à l'instant. Il ne me donne pas assez de renseignements pour me faire connaître si c'est l'armée ennemie qui débouche par Friedland ou seulement un parti. Dans tous les cas, la division Grouchy est en marche..... Le maréchal Mortier envoie aussi sa cavalerie pour appuyer la vôtre et se met en mouvement avec son corps d'armée. »

A 10 heures du soir, Ney était mis en marche sur Domnau, puis quelques heures après les divisions de cavalerie, la Garde et le 1er corps.

Le 14 juin, jusqu'à l'arrivée du gros de l'armée, Lannes, renforcé de Grouchy et de Nansouty, soutient la lutte contre l'ennemi, dissimulant habilement ses forces et tenant les Russes dans l'incertitude.

A midi, Napoléon donne l'ordre de bataille, il écrit à Murat de rejoindre avec Davout la Grande Armée le plus tôt possible. Dans le cas où l'ennemi serait en très grande force, l'Empereur se contentera de le canonner, et attendra l'arrivée de Murat pour livrer une bataille définitive le lendemain.

A 5 heures du soir, les corps sont à la place que leur assignait l'ordre de bataille, et Napoléon se décide à livrer bataille à l'ennemi. A la fin de la journée, l'armée russe est complètement défaite.

Le 16, Kœnigsberg capitule; le 19, l'Empereur arrive à Tilsitt; le 21, un armistice est signé entre Napoléon et Alexandre. Le 8 juillet, la paix définitive est conclue.

La défaite des Russes à Friedland avait amené ce résultat décisif. Peu s'en était fallu cependant que l'armée russe échappât encore une fois aux coups de Napoléon et qu'elle pût se retirer intacte en Russie.

Une idée de Bennigsen sur laquelle Napoléon ne pouvait compter avait amené Friedland. Bennigsen, qui ne s'était pas cramponné au 6e corps au début de son offensive et qui, par suite, n'avait pas donné dans le piège que lui tendait l'Empereur, Bennigsen, qui, à Heilsberg, avait pu se retirer avant que Napoléon ait eu le temps de le tourner, Bennigsen était venu à Friedland s'offrir aux coups de la Grande Armée.

Si nous ne retrouvons pas le génie de Napoléon dans la victoire qui terminait la campagne, et qui n'était due qu'à une faute de Bennigsen, il n'en est pas de même pour le cours de la campagne. Nous ne pouvons qu'admirer les judicieuses dispositions prises par l'Empereur sur la **Passarge** et qui lui permettaient de répondre victorieusement à n'importe quelle attaque de l'ennemi. Si Napoléon avait eu à affaire à un ennemi pénétré de l'idée d'offensive à outrance, il le lui eut fait payer cher.

Reportons-nous aux emplacements occupés par la Grande Armée à partir du 10 mars et aux dispositions qu'avait l'intention de prendre l'Empereur pour déjouer toute attaque ennemie. Avec un ennemi aussi partisan de l'offensive que le sont les Allemands, nous voyons que ces dispositions sont applicables au cas d'une guerre de la France avec l'Allemagne. Nous pouvons supposer une 1re armée, s'appuyant sur Verdun et Toul, figurant les 1er et 4e corps; une 2e armée, s'appuyant sur Épinal et Belfort, figurant le 3e corps; une 3e armée sur la Meurthe, figurant le 6e corps; une 4e armée en arrière de la trouée entre la 1re armée et la 2e armée, figurant la Garde et Oudinot. Notre droite ne peut être tournée; elle s'appuie à la Suisse; quant à notre gauche, la frontière belge remplit le rôle de la Baltique. Les corps de la 1re armée, seraient échelonnés comme l'étaient les 1er et 4e corps sur la Passarge.

En cas d'attaque principale des Allemands sur la 1re armée, celle-ci résiste, puis la 3e armée, suivie de la 4e armée et d'une partie de la 2e armée, débouchent sur leur flanc gauche.

En cas d'attaque principale des Allemands sur la 3e armée, celle-ci recule de position en position, comme devait le faire le 6e corps, soutenue à droite et à gauche par une partie des 2e et 1re armées agissant comme devaient le faire les 3e et 4e corps. Cette 3e armée vient s'intercaler entre la 1re et la 2e armée, attirant à elle l'armée ennemie. La 4e armée et la 1re armée débouchent alors, près de Toul, dans le flanc droit des Allemands.

Reportons-nous aux moyens employés par Napoléon pour avoir des renseignements sur les intentions de l'ennemi. D'aucuns prétendent que la cavalerie seule peut donner ces renseignements; que, partant, il faudra former de grandes masses de cavalerie, et que la guerre débutera par des grands combats entre les cavaleries adverses. Napoléon, le maître de la guerre, n'a jamais employé sa cavalerie de cette façon, lorsque son armée s'est trouvée à proximité de l'armée ennemie.

En 1806, pendant la période de rassemblement, la cavalerie légère seule est en avant de l'infanterie; elle n'agit, d'ailleurs, qu'en combinaison avec l'infanterie légère. Il en est de même en 1809. Nous avons vu qu'il en était ainsi en janvier 1807.

Pendant les cantonnements de la Grande Armée en janvier et en mars 1807, une division de dragons est affectée à chacun des corps de couverture; même en mars 1807, l'Empereur envoie une division de cuirassiers à certains corps de couverture.

Au moment de l'offensive de l'ennemi en juin 1807, il détache immédiatement une division de dragons à chacun des corps de couverture. Mais ces divisions de dragons ne doivent être employées que comme cavalerie de bataille. La cavalerie légère seule est affectée à la sûreté.

L'Empereur ne forme des corps de cavalerie que pour se renseigner sur les mouvements de l'ennemi sur ses flancs, et encore, il les fait appuyer par de l'infanterie; nous l'avons vu ainsi employer, du côté de Willenberg, Murat avec 6.000 cavaliers et 6.000 fantassins. Il ne donne l'ordre à sa cavalerie de prendre la tête de son armée que lorsqu'il est à la recherche d'une armée ennemie (novembre et décembre 1807) ou lorsqu'il prend l'offensive : offensive sur

Allenstein (fin janvier 1807), offensive sur Guttstadt (7 juin 1807).

Pour se renseigner sur les mouvements de l'ennemi, il fait faire des prisonniers, fait enlever des baillis; il entretient des espions; nous pourrons trouver auprès des Alsaciens-Lorrains de précieux auxiliaires. Mais c'est surtout par la résistance de ses corps de couverture qu'il se renseigne sur les intentions de l'ennemi. Nous avons vu ses corps de couverture résister sur la Passarge, en s'appuyant sur des têtes de pont qui leur permettent de combiner la défensive avec un mouvement offensif et de reconnaître l'importance des forces ennemies assaillantes; au besoin même, ces corps de couverture exécutent une sortie pour tâter l'ennemi.

C'est en employant ces moyens de résistance active que Napoléon reconnaît où se porte l'attaque principale de l'ennemi, où est son centre de gravité. Il ne prend aucune décision avant qu'il ne soit exactement orienté sur les intentions de l'ennemi. Une fois sa résolution prise en connaissance de cause, il agit avec rapidité et énergie, en faisant donner à tous ses moyens d'action leur rendement maximum.

Pierre GRENIER.

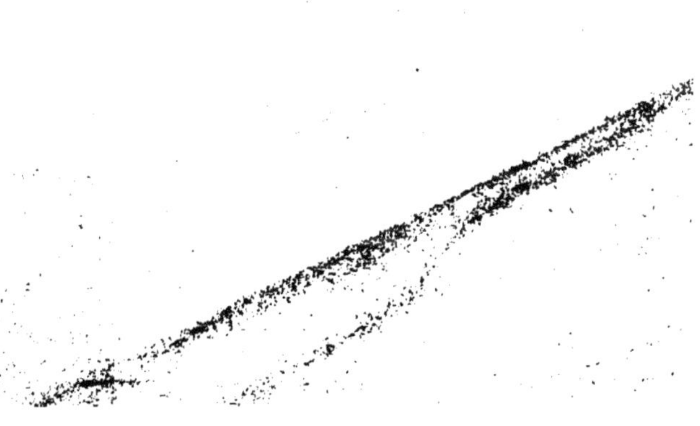

TABLE DES MATIÈRES

Paris et Limoges. — Imp. milit. Henri CHARLES-LAVAUZELLE.